推動台灣工業發展的關鍵人與重要事

學李國鼎做事

王百祿

目 錄
CONTENTS

▶ Chapter **3** │ 李國鼎創造的十個典範

▶ Chapter **4** │ 學李國鼎做事

▶ Chapter **5** │ 官場、使命感、媒體

推薦序

前人種樹，後人乘涼

王伯元

　　認識百祿兄已幾十年，我們共用一個英文名，都是 Paul
Wang，可以說非常有緣。他的新書《學李國鼎做事：推動台灣工
業發展的關鍵人與重要事》，其中包括了前總統府資政李國鼎先
生的篇章，邀請我來寫序。身為李國鼎科技發展基金會的現任董
事長，同時有長年與李先生共事的情誼，我自是當仁不讓。

　　談到李資政，我們就先從半導體說起。台灣半導體產業近年
來成為全球矚目的焦點，尤其台積電所掌握的晶片生產技術，更
是具有獨占全球半導體市場的優勢。如果沒有台灣，許多國家的
重要工業都將要停擺。在大家津津樂道台灣半導體產業的傑出表
現，讚嘆台積電成了「護國神山」之時，就絕對不能忘記幕後的
英雄。

　　我們可以說，沒有李國鼎就沒有台積電，這位被譽為「台灣
經濟奇蹟的重要推手」以及「台灣的科技教父」的人物，在那個
艱困的年代，以他的真知灼見帶領台灣從困頓中崛起。憑藉他的

高瞻遠矚，為這個方寸小島締造了經濟奇蹟。他擔任過經濟部長、財政部長，政務委員、科技顧問組（STAG）召集人、總統府資政，是台灣半世紀以來唯一曾職掌財、經、科技三大領域的閣員，並參與了台灣經濟發展的重要策略、政策及措施。尤其台灣兩次重要的關鍵產業轉型，包括從農業到工業，以及從工業到科技，都是由他主導及完成。

李資政對台灣的貢獻不勝枚舉。早在民國 50 年時，他就推動了「獎勵投資條例」，提供企業租稅優惠措施，鼓勵出口外銷、引進外資等，吸引了許多民間的資金投資台灣。民國 70 年更規劃「科學技術發展方案」，一手催生新竹科學園區，推動電子、資訊及半導體產業，使台灣成為全球科技重鎮。尤其是科學園區成立之後，吸引了許多國內外的高科技產業業如資訊、通訊、半導體、光電等產業在此落地生根，使得 ICT 產業成為台灣第一大產業群，獨占出口鰲頭二十多年至今。另外他還成立加工出口區、外貿協會、資策會，並支持工研院、金融資訊化等等。台灣能由落後而進步，由貧窮而富裕，在兩岸對峙，孤立無援的情況下還能創建舉世欽羨的經濟奇蹟，李資政居功厥偉。

除了在科技及經濟方面的建樹之外，台灣創投事業的奠基與發展更是與李資政的引進有密不可分的關係。因為科技事業在創辦初期風險極大，很難從金融機構及一般企業取得足夠的資金。為了能有效結合國內資金、人才、管理及技術，投入高科技事業發展，他積極建議政府推動創投事業，以匯集資本家及社會大眾的資金，彌補高科技事業資金管道不足的問題。從他引進創投開

始，短短二十年間，台灣創投業在 90 年代成為全世界最活躍的地區之一，僅次於美國。飲水思源，他是創業投資事業的幕後推手，堪稱為「台灣創業投資之父」。

「思其人、憶其事、感其恩、懷其德」，很欣慰百祿兄著書，詳述李資政的建樹及事蹟，讓乘涼的後人能知道前人種樹的可貴與艱辛。李資政把一生最美好的時光獻給了國家社會，是台灣經濟發展全部過程的奠基者與推動者。國外學者專家提到 KT（李國鼎的英文名字簡稱）都非常尊敬。可惜的是，這個名字對很多台灣人，尤其是年輕朋友並不熟悉。有部分原因是台灣在民主化的過程當中歷經了政黨輪替，過去威權時代的一切就刻意被淡化。但我認為台灣不是一天一夜造成的，我們現在許多基底，都是先人們努力的成果，所謂「飲水思源」，閩南諺語也道「吃果子、拜樹頭」，所有推動台灣進步、讓全民受益的政策與人物，都應要予以肯定及尊重，並從中學習他們的智慧與經驗。

對比 60 年代百廢待興的台灣，現在的我們擁有更多的資源，更開放的社會，希望政府內能有更多像李資政這樣有智識、有遠見、有心胸、有能力、不計黨派得失、只問是否能福國利民的官員，讓台灣能在不受政治干擾、不被民粹綁架的道路上發揮潛能，再創經濟奇蹟的榮景。

李國鼎科技發展基金會董事長
王伯元

緒　論

活在世上，
金錢以外更需要什麼？

　　「有錢並非萬能，沒錢萬萬不能」。是的，對一個剛步入職場社會的年輕人，你跟他說：錢並不重要，這話未免太高調。除非是富二代，否則踏出大學校門的一刻，他就要為自己的生活打拼，能在最快的時間內，賺到最多的錢，當然是每個大學畢業生心裡的願望。

　　如果連三餐都有困難，如何談偉大的理想？所謂「貧賤夫妻百世哀」，這個社會養一個小孩，從出生母親坐月子開始，小嬰兒的照護通通要錢。成長過程中，為了「輸人不輸陣」，學心算、圍棋、鋼琴、合唱、畫畫，或球類運動，要花一筆又一筆的補習費，大多數父母就是擔心自家小朋友會輸在起跑點上！

　　然而，在台灣接受完整的高中（職）基礎教育後，只要肯努力、在職場認真工作與學習，那麼因為整體製造業大環境的優勢，以及對各類技術專長人力的大量需求，不怕找不到工作。怕的是不符合企業需要的工作態度，只要有稱職的態度與職場倫

理，找到發展性高、待遇好的工作，相對於鄰近的開發中國家而言，台灣這個環境相對容易。因此，說白一點，認真打拼，養家活口在台灣並非是困難的事。

台灣十大富豪之一的尹衍樑於 63 歲功成名就時演講提到：25 歲，當時沒日沒夜的拼命工作，總想趕快賺到錢。他的老師王金平告訴他，只要做對事，錢自然會跟著來。

說的好，「**做對事**」指的是什麼？可能十個人有十種解讀。但是，道理很簡單，就是要先將自己的本事培養起來，自然有人了解、看見你，會找你做事，越有本事待遇就越高，到時候，錢不斷進入個人的存摺是水到渠成的事。問題是，從本書稍後要介紹的幾位關鍵人物當中，「**本事**」指的並不是他的專業能力而已，也包括了管理能力與領導力。更重要的是，存在於他們之間共同的一個特質，就是他們都擁有：讓國家社會、產業改善進步的那種強烈的「**使命感與企圖心**」。

這樣的使命感驅使他們的一生，抱著格局與視野努力向前，七十年當中，將台灣每個階段的經濟、產業不斷的擴大、不斷的精進，最終推動了台灣成為世界電腦、半導體、智慧手機等上百項產品的製造之王，讓 2021 年台灣出口產值位居全球成長率前三名！也是全球經貿規模排名前十名內經貿規模的模範生。在大多數現代化國家理工科畢業生就業率未達七、八成的情況下，我們的年輕理工人才除非本人心態有毛病、未刻意找工作，或工作態度可議，否則幾乎是百分之百就業，甚至於近年來工業界還普遍呈現缺工的狀態。

我們不拿前段班的台積電、聯發科、長榮海運來作比較，我們看《天下雜誌》所發布的「**2021 二千大製造業**」（民國 111 年 5 月出版），營收超過 100 億元的 338 家企業集團為例，他們橫跨了電子、光電、電腦、半導體、精密機械、石化、汽車、紡織、等十幾種產業供應鏈，雇用的製造人力占了台灣三分之二以上的就業人口。在這樣的集團企業底下工作，只要態度認真、學習力強，發展機會十分多元化。工作滿三年後，平均年薪（含薪資、獎金、分紅、股票等）至少一百萬元以上，養家活口、成為中產階級指日可待。

如果走創業方向，台灣是全球中小企業比重最高、發展潛力最大的地方，才兩千萬的人口，如果將服務、製造業一齊計入，高達上百萬家！即使創業較複雜，牽涉產銷人發財經營多面向的工業界，也有二、三十萬家工廠數。現有兩千家上市櫃公司，有七成左右的企業，在上市櫃前的十到二十年，都還是中小型企業型態，就是一個例子。當然，十家新創公司平均五年後能存活的只有二、三成，但只要做好自己創業風險的管控，即使失敗了，到成功的企業去就業，仍然是好漢一條，這就是台灣跟世界各個國家地區，非常不同的就業環境特性所在。只要肯努力、工作態度對，那麼失敗的經驗是加分，更不至於斷了職場之路。

閱讀本書後述李國鼎與孫運璿兩位領導人如何合作，把台灣三大科技產業從無到有，從一年十數億台幣產值的產業推到今日年產值高達七、八兆台幣的龐大規模，您閱後一定會覺得實在太了不起了。更令人訝異的是：兩位老人家逝世時，名下沒有一棟

屬於自己的房子，一生為公，毫不藏私，這種操守令人欽佩，更是「典型在夙昔」。

　　因此，對所有年輕人而言，重要的是：進入職場前，學生時代如何培養正確的人生觀，具備正向的價值理念，一方面努力追求優渥的待遇或創業；另方面又能在職場上步步高升，成為鄰里家人同儕讚美的對象，追求財富卻又能心安理得，才是每個職人應有的精神。而如何培養呢？本書的主角李國鼎及幾位關鍵人物，就是您最佳學習的典範。

李國鼎先生。

人生為什麼要有使命感？

　　96 歲的英國女王伊莉莎白二世於 2022 年 9 月 8 日過世，來自全球兩千位政要，當月 19 日群集倫敦西敏寺，參加她的國葬大典。另外，在沒有政府的動員下，兩百多萬來自歐洲及英國各地的人民，為了瞻仰女王遺容，自動自發、徹夜排隊 24 小時，共 7 天時間，日夜大排長龍，蔚為奇觀。因伊莉莎白二世薨逝而引發的這種盛況，以 21 世紀的「空前絕後」來形容，並不為過。

　　她一生中在位 70 年光陰，都獻給英國及大英國協數十個國家子民，從許多史料典籍及 Netflix 影集《王冠》（根據大部分的史實編劇）的描述中，可看出她完全抑制個人的好惡、情趣，盡職扮演「國家之主」的角色，全心全意的付出，超過一甲子的時間，始終如一。因此，這種典範贏得了各國領袖的尊敬，以及廣大子民的愛戴，當她以 96 歲高齡離世，難怪受到如此世人的懷念。

　　比女王早一個月，同年的 8 月，日本當代「經營之聖」稻盛和夫也走了，時年 90 歲，留下全球企業界對他的追思懷念。他非日本一流菁英出身，但 27 歲就成立京都陶瓷公司，以創新與研發為導向，最後在精密陶瓷這個領域，成為世界一流極為成功的企業。52 歲時，把他賺來的六百多億日圓財富，成立了以培養企業經營人才，不分日本或亞洲個國家為對象的「稻盛基金會」，設立「京都獎」，頒獎對象為：第一，人類科學發展。第二，文明發展。第三，提升精神文化等三項有貢獻的人才。另外，他成立

「盛和塾」，把經營的經驗與心得整理為「經營法則 12 條」，分享給日本工商界，從京都開始，然後散布到中國、美國、台灣，最高的時候，在全球各地設 104 個分支，台灣也身受其惠。在他的經營法則 12 條裡，提到要全心全力用在工作，並以誠實、體貼、樂觀、純樸、無私的奉獻精神，對待企業內外同仁、往來廠商、顧客、股東。我們近年提倡的「利益關係人」──包含股東、員工、顧客、往來廠商、社會等，讓大家利益均霑的概念，他早在數十年前就身體力行。

他毫不保留與人分享所有經營理念，77 歲時，受日本政府之託，跳下火坑，拯救奄奄一息的日本航空，在幾乎所有人都不看好的情況下，以兩年的時間將日航反虧為盈，改造了這家老公司的企業文化，使得來自於日本東京大學、早稻田、京都大學的菁英資深員工心服口服。他的最後一本書《心，人生皆為自心映照》，頗有佛心思想，告訴人們：一切的起心動念都由心起，人生宛如內心世界發展的一部書。

我們從伊莉莎白女王與稻盛和夫身上，都看到了他們一生共同的堅持──「使命感」，從進入職場開始，始終懷著這樣的精神，窮其一輩子，積極、熱情的奉獻給他們的國家、全球村，這樣的精神正是我們當代年輕人最需要學習的。

今天這個全球化的社會，經濟成長、投資理財、升官升遷當道，大多數人想的都是如何以最快的速度讓自己升得比別人快，如何以更短的時間賺更多的錢，**「使命感」**是什麼東西？能當飯吃嗎？

就像這幾年全球許多跨國企業的反思一樣，他們不再把獲利、營收成長當成企業營運唯一的指標，開始把 E（環境）、S（社會）、G（公司治理）三者並列爲企業與地球永續經營的共存理念，帶動世界各地區興起一股節能減碳、追求綠色能源、地球永續的大風潮。

　　我們個人更要反思，在追求名利之外，還要具備什麼樣的人生態度？無疑的，**「使命感」**正是驅動每個人在職場工作上追逐升官發財以外，還能爲這個社會做點什麼的這種良好核心理念。

　　我們觀察這一、二十年來全球多位知名創業型人物，他們的一生從不把追求財富掛在口中，但是，事情做對了、事業成功後，龐大財富隨之而來，他們的生活奢華嗎？沒有！賈伯斯在帶領蘋果電腦重新登上高峰後，生活仍然簡僕，家中客廳連像樣的家具都沒有，過世前的十幾年，三餐茹素，不食魚肉。特斯拉的創辦人馬斯克成爲世界首富，可是前幾年住的房子是貨櫃屋改建的幾坪大小住屋，世人難以想像，然而，每天創造力無限的他，都是如何運用高科技改造這個世界，「豪宅」不是他生活中重要的選項。

　　曾經十幾年都是世界首富的巴菲特，富有成名之後，住的仍是數十年如一日，典型的美國中產階級住宅，三餐吃的簡單，卻不吝惜的把他 95%的資產，爲數數百億美元捐給比爾‧蓋茨的慈善公益基金會。他們的例子，不就說明了賺錢只是人生職場的一種過程，聚積財富之後，如何善用它們，爲這個社會、這個地球做出有意義的事，才是眞正目的。

本書內容條舉的幾位人士，他們的做事態度、方法，人生觀，正是提供大家反思的鏡子，肯定值得您細細的品味與學習。

2021 年台灣出口 4464 億美元的基石

民國 110 年（2021 年）台灣的出口金額，創下 4464 億美元，有史以來最輝煌的紀錄！您知道嗎？其中有近 6 成的出口值，也就是 2700 億美元左右，都是科技產業所創造。進一步再看民國 111 年 5 月底出版的《天下雜誌》中的「2021 二千大製造業」，把每個集團企業在海外設廠的產值都回歸到集團母公司後，更是看出科技產業在整體產業的分量（見表 1.1）。中國大陸出口前 30 大企業，有 14 家是台商企業，並且幾乎是前 20 名內的公司，因此，光是廣義的電腦產業加總起來產值就超過 2700 億美元！居第二大產業產值的半導體業也有 1500 億美元！全部科技產業的總產值超過 4400 億美元以上！這樣的工業出口產值已經是全球前五大，對一個 60 年前，工業都還未成形的農村寶島，台灣工業如今蓄積的能量夠嚇人吧。

本書第二章描述泛電子產業技術的起源，提到李國鼎起頭、孫運璿鼎力支持的電子技術發展計畫，以及美歐跨國企業在台設廠、培養大批電子技術基礎人才，更是電腦、半導體、光電產業技術人才的基石，可見一個思慮周密、有活力的政策，四十年後來檢視，竟然能產生如此巨大的績效。

對一個沒有什麼天然資源的台灣，靠著具體而微的政策的

主導、優秀人才的努力，成就如此巨大的科技產業，如今回想起來，令人不可思議。我們再回頭看看 2022 年 2 月開始的俄烏戰爭，俄羅斯擁有舉世羨慕的石油、天然氣等資源，也有 1.46 億的龐大人口，結果從帝俄時期到蘇聯共產黨時代，再到這十幾年普丁的主政時期，經過了 7、80 年，除了發展出政府控制的航太軍事工業之外，民營的工業竟然乏善可陳，找不到足夠規模的工商產業，讓年輕理工及管理類人才，得以充分發揮。反觀美國，它在航太軍事科技同樣很強，但因它的自由經濟體制，促成了科技與人才的活化流動，因此造就了相當強、位居全球前茅的產業，如航太工業、通信產業、軟體產業、半導體產業、生物製藥產業、網路應用產業，年產總值逾兆億美元，創造數千萬人口就業機會。

「人比人，氣死人」。俄羅斯人民如果深入了解台灣，會發現 70 年前台灣比他們還落後，在隔了 70 年後，俄羅斯國民其人均所得卻只有 **12575 美元（2021年）**，台灣則是逐年高成長，到 2022 年每人**平均 36051 美元**，是俄羅斯人民的三倍之多！其中的數十年工業的不斷精進，國民所得年年成長，這是民國 60 到 80 年代，主其事的官員橫跨財經科技三大領域，傾其職場一生、數十年的壯年歲月，為國為民努力不懈、卓越領導打下基礎的結果。由於他的格局、視野，更重要的是他推動台灣經濟、產業往前躍升的使命感，讓我們這一代，即使在已經過了 30 年的當下，還在享受當年經濟產業具體扎根下的成果！

這個人就是李國鼎。

本書的橫軸是工業化，縱軸則是以李國鼎爲主，以及影響台灣工業發展的幾位關鍵人物。

　　「工業化」比「全球化」早上兩百年，並且隨著人類的創新能力，它還在發展中，方興未艾。所謂的**全球化**，它有三種意涵，第一種就是建立一個「**地球村**」的概念，讓全世界各地區的資訊互相流通打成一片；第二種即自由世界市場的概念，讓貨物的供給與需求成爲一體，所謂的「**貨暢其流**」，全球成爲一個供應鏈體系；第三種就是建立一個「**無國界的世界**」，人們可以到處旅行，種族互相融合。民主世界以美歐日爲首的 G20 已開發國家，爲了讓被共產黨領導的中國體質，發生如蘇聯共產聯邦 1989 年起潰裂崩解的效果，配合全球化，自 2000 年起，給予中共政體 WTO（世界貿易組織）特殊的優惠，讓中共政體，每年大量向各國輸出其製造的各種民生、工業產品，賺取龐大外匯，逐漸累積財富及壯大。然而，從 1990 年倡議 WTO 推動到近年，開始出現雜音，其一是川普當選美國總統後，爲了支持他的主張──「**美國製造**」，開始反全球化，具體行動就是針對「**世界製造中心**」的中國實施關稅報復，以及退出幾個行之有年多邊貿易組織。此外，近年 G20 多數成員發覺中共政體，不但沒有因全球化而民主化，反而藉著全球化向西方世界吸取大量的科技與財富，把大量賺自多數國家的外匯，用在對十數億人民的「**維穩**」，進行行動控制管理與與思想洗腦，形成地球最大的一個「**鐵幕**」與「**網幕**」。並以「**認知作戰**」天天向全球民主國家輸出假消息、假新聞，自由民主世界開始檢討，這種有利於全球最大獨裁體，卻不利於自由民主

地區，與以選舉爲民意主張、政體更換爲主調的**自由民主世界呈負面反向發展。**

當然，還有一股反全球化的主張，來自民間力量，那就是因爲全球化產生的副作用，包括：童工問題、海洋資源滅絕、全球暖化的加速、貧富不均（國家與人民之間）日益嚴重、中產階級的消失等等。被剝奪良好生活環境或利益的弱勢族群，當然要群起反對，更嚴重的是，對地球長期的破壞，已經在近十年，全球各地產生火災、洪水、乾旱的極端氣候異常變化，更是引起全球有志之士的群起檢討與緊急思考對策。

本書就是透過探討幾位關鍵人物，如何在不同階段，驅策政府各部門，帶領產官學研，共同在廣泛的科技產業——資訊、通訊、電子、半導體、精密機械、生物科技等，上下通力合作，創下全世界開發中國家都羨慕的經濟奇蹟，以及龐大出口產值，改善了全台灣人民由農轉工，由貧轉富的生活水準！

根據民國 111 年 5 月《天下雜誌》公布的「2021 二千大製造業」統計排名，其中電子五哥——鴻海、廣達、仁寶、和碩、緯創分居前 8 名，光是這五家電子代工廠商營收總值就高達 3600 億美元左右！在筆者 1980 年代跑科技產業新聞時，鴻海年營收不過數十億台幣，這樣的規模比較，眞是不可同日而語。

如果你對這些數字沒有太大概念，我們就舉傾銷全球的紐西蘭奇異果爲例，他們傾全國之力，花了數十年，做了極成功的品牌與外銷，一年的產值接近台幣 2 千億，折合美元約 72 億，跟 3600 億美元比一比如何？光是廣達一家廠商每年代工的筆電

產值就超過這個數字！更不要講伺服器等其他產品了，所以科技產品代工毛利率不管是台積電超高的 53%（2022 年）或電子五哥的 2.32-5%，其稅後純益各為 5965 億元與 1393 億（鴻海），都超過千億之數！此外，每年替台灣創造的外匯、就業人力與集團財富，都是農業為主力國家的數十倍，這是讓全球除了前 20 名已開發國家以外，數百個開發中國家相當羨慕的地方，也是我們台灣的年輕人應該珍惜並驕傲的地方。

台灣製造業 2022 年普遍缺工，排名前 50 名的二、三線大學（含科技大學、技術學院）理工系或產銷人發財相關系畢業學生，都有許多工作職缺等著他們報到，只要肯學習、認真做事，幾年後年薪百萬元都不會是夢，換了到國外以農或觀光餐飲業為主的國家，哪有這種待遇、這種機會？

這就是三、四十年前我們積極發展電子業、資通業、半導體產業累積的功德，如果不是有李國鼎、孫運璿帶領財經科技相關部會官員，大家努力為公、積極任事，哪有今天的成就？

人稱「歐里桑部長」的前經濟部長（現職為行政院副院長）沈榮津，就是李國鼎帶出來的最後一批技術官僚。他在民國 109（2020 年）年 2 月新冠肺炎來勢洶洶，全國極度缺乏口罩、呼吸器等醫療用品，人心惶惶之際，在短短兩個月內建立起本土自主口罩相關產業供應鏈，迅速供應全國二千多萬人口需要，解決了口罩嚴重不足的社會問題，行有餘力還可大量出口捐贈友邦。這是因為他從經濟部基層做起，跟著宋鐵民、楊世緘等 KT（李國鼎的英文名字簡稱）身邊的長官們學習做事態度、方法，多年培養

出來的本事。更重要的是，這群基層文官們長時間跟著李國鼎、孫運璿、趙耀東等決策官員，有著使命感的驅策，夙夜匪懈、跟催執行，他們把國家事當成自家事的精神感召、養成的習慣，我們就來深入探討。

表 1.1　2021 年台灣科技產業營收及排名

		年產值（台幣）	年產值（美元）	前五大廠商（TOP 3）
電腦業	系統	11.58 兆	3938 億	鴻海、和碩、仁寶、廣達、群創
	周邊	2.23 兆	758 億	佳世達、微星、金寶、技嘉、泰金寶
半導體	製造	3.49 兆	1187 億	台積電、台灣艾司摩爾、聯電、日月光、矽品
	設計	1.23 兆	418 億	聯發科、聯詠、瑞昱、群聯、奇景
電子業		2.31 兆	785 億	台達電、環電、光寶、臻鼎科技、國巨
光電業		1.61 兆	547 億	友達、群創、GIS 控股、TPK 控股、瑞儀

註：匯率台幣：美元以民國 111 年 5 月 26 日計準。
　　資料來源：經濟部官網統計及天下 2022 製造業 2 千大。

台灣工業化的故事（1950-2020）

　　台灣外銷產業 2021 年創下 4464 億美元產值的空前紀錄，以一個面積僅 3 萬 6 千平方公里，沒有什麼天然資源，人口也就那麼 2300 萬人的小島，卻能擠身全球數百個國家經貿規模的第九名，外匯存底更排名世界第四位，這樣的經濟實力，怎麼來的？

靠的是什麼？有什麼機運讓它在二戰結束後，雖有著跟絕大多數國家一樣的背景，但從戰爭的破敗中，卻能突圍而出，奠定其他同等國家達不到的產業能力與經濟規模？

我們再看 2022 年最受全球矚目的俄烏戰爭，烏克蘭有 4 千多萬人口，43 萬平方公里面積的國土，農產品豐富，曾經是蘇聯集團製造原子彈、戰車、潛水艇的重要生產基地。然而經過多年發展，2021 年國民 GDP 卻只有 4248 美元，是台灣的七分之一，外匯存底更只有區區數百億美元。為什麼？關鍵只有一點，同天然資源雄厚的俄羅斯一樣，那就是：他們長期以來就是一個寡頭經濟的局面，國家資源經濟生產的好處，被少數政治人物及財團壟斷，領導人沆瀣一氣，厚了自己也縱容了他們。多年以來並不想將軍事工業的深厚技術轉為民生工業，或者為國家長遠的發展，培植技術官僚給予最大發展的權力，明明只要有 10 年的時間就可以改頭換面。因此，烏克蘭、俄羅斯、捷克、南斯拉夫這些國家，幾十年過去了，不要說民間的科技產業，連基礎的民生工業產品，大多數都還繼續倚賴進口。

回頭看看台灣，這個故事就要從 1950 年說起。這跟一群優秀、專業、無私的領導官員如：陳誠、嚴家淦、尹仲容、李國鼎、孫運璿、趙耀東、石滋宜等數十位碩彥，將他們的一生，貢獻給台灣這塊土地，有最密切的關聯。

本書就列舉四位人物；他們剛好貫穿台灣工業化：從無到有（1950-1965 年）、工業區崛起（1965-1980 年）、電子電腦產業發展（1970-2000 年）、半導體光電產業形成（1980-2020 年）的四個

階段，其中**李國鼎先生更是橫跨這四個階段，對台灣工業發展 70 年投入最久最多，其貢獻無人能比的關鍵人物**，因此他的故事將是本書的主軸核心，在各章中會做詳細的介紹。

Chapter 1

李國鼎——台灣工業化七十年成就最關鍵人物

1.1 計畫經濟時代的李國鼎

首先，我們要了解李國鼎，為何 40 年官場能做出那麼多的事？並且成就了許多政策與重要方案？他的能力，包括：政策洞察能力、領導力、做事能力等，怎麼培養起來的？不妨從源頭來觀察。

李國鼎的性格能力怎麼養成的？

李國鼎在他一生從政期間，對台灣做出了這麼大的貢獻，大家不禁好奇的是，二戰結束以來 70 多年的時間，台灣的文官或政務官，高、低階來來去去也有數十萬人，為什麼獨獨 KT 能對台灣的經濟、財政、科技三大領域，發揮了任何一位英明能幹的官員都做不到的斐然成果？他對每一個政策，從引導、推動、成形、壯大，是怎麼做到的？這種洞燭關鍵、慎密堅定的能力是怎麼養成的？

分析他成長的過程，發現他大學成長階段、研究所階段（英國劍橋大學深造）、加入抗戰行列與擔當造船產業主管，是他做事性格能力形成並具體成熟的時期（參考註 1.2）。

中央大學的學習階段

　　李國鼎在大陸東南大學改制前的中央大學前後讀了四年半，從對數學的興趣轉到專攻物理，並對天文學產生濃厚的好奇。擔任「中大物理學會常務理事」任內，首創「物理學會手冊」，厚達173頁，涵蓋了科學年表、物理學界大事記、物理學名著百種、世界大物理學會調查表、諾貝爾物理獎歷屆得獎人名錄、中國科研及各大學物理系調查表等。在附錄中還包括了物理普通常數一覽表、天文常數表、物理單位、有因子表、微積分公式表、原子量表、中華民國萬年曆、國內外大儀器公司介紹等等，堪稱是一本物理相關的小百科全書。設想當時軍閥時代，內地物資極度匱乏的背景下，一位大學生就能編列這麼一本相當宏觀、微觀兼具的手冊，除了看出李國鼎不畏事難、做好事情的態度外，也可看出這個年輕人，看每件事情的角度是寬闊又細微的。

　　中央大學畢業後，因緣際會他到南京的金陵女子大學教物理與數學。教學之餘，他表露了持續參與社團的熱情，擔任「中國天文學會」時，參與發行了《科學世界》雜誌的出版，創刊號的發刊詞可以看出當時的李國鼎已經有了「科學救國」的想法，一直到赴英國劍橋大學研究的階段，這項理念趨動著他，甚至於中止了人人羨慕的劍橋學習，回國投入了抗日的工作。

　　發刊詞中有一段（註 1.2）是這樣寫的：「我們敢大膽地說一句，中國人之所以處處失敗，不在於經濟的恐慌、政治的紛擾，主要的原因是中國學術本身上有毛病，幾千年來，國人所倡導

做事，帶領一群負責任、有才能的財經團隊，做出了這麼多項承先啟後、興工富國的重要工作績效，老蔣總統的這個力保舉動，非常關鍵。

KT 跨部會整合能力

KT 從計畫階段到財經兩部長的 12 年歷練中，最為人欽佩的一項特質，就是跨部會協調能力，他主掌的每一個階段政策，絕大多數能發揮當初規劃的目標績效，主要因素就在於**李國鼎善於整合各部會資源，叫得動各部會甚至於企業界、學術界等各外界的力量，為共同目標奮鬥努力**。分析起來，他這個能力的核心包括：

1. 他對各部會的職掌與分工充分掌握

KT 打從資源會、美援會時代開始，雖然一直負責的是工業方面相關規劃，但是工商業的興辦，牽涉到各部會的職能。早期所謂八部十六會，這種多頭馬車的運作，講好聽是分工合作，另外一面，卻常常被本位主義與山頭主義作祟。前者指的是自己主管的業務不容其他單位比手畫腳橫加干涉，所有的計畫推動是從自己單位是否方便、是否得到好處為出發點來思考，卻不管這項計畫對國家、對社會是否帶來好處。山頭者則是占據茅坑不拉屎的心態，有權無責不做決定，任何政府計畫施政者如果不先破除這兩種心態，要不就是一事無成，或者變成事倍而功半。KT 對自己

主掌的單位部屬盯得緊，一、二次後發覺人不能用，就設法調職或讓他走路，對別的部會，哪怕是基層科長，他都很客氣，會暗示他解決的方向。如果隔一段時間後還是推不動，他會要求該負責官員跟直屬高層報告。再一段時間，如果事情還是沒進展，他就會給這個單位中高階主管壓力，最後則直接找最高主管討論解決。這樣的過程，既尊重主事者執行官員，直接盯住他們，真的推不動，才召開部會間的協調會議，把已知道的困難逐一解決。

2. 他清楚政府各層文官的素質與習性

　　最近一、二十年，我們的政府部會雖然經過了幾次組織改革，減少的人事卻抵不過六都增加的人員編制，尤其資深文官做事的效向與效率，不增反減。更因為政黨政治的更替，一些政務官無法帶頭當典範，把政策執行的責任推給下屬來擔當，放任擱置而無所事事，或者就是做人情，要求部屬違法放水。多年下來，就形成各部會或地方政府人員「**多做多錯，不做不錯**」的和稀泥現象，與李國鼎、孫運璿負責的那個時代的積極勇於任事，有相當大的反差。

　　並非李國鼎那個時代的文官素質比較優秀，相反的，最近十幾年考進政府各公部門的文官，絕大多數碩博士占了相當多比例，是 80 年代以前比不上的情況。因此，主要還是領導官員要學習 KT 勤學習、以身作則、有擔當肯負責、有能力又積極做事的精神，團隊才能帶出創新與效率。

　　KT 從資源委員會時代，就參與產業發展規劃的工作，他深

深覺得國家經濟發展，在正式的部會職掌管轄之外，還要有個超然的機構來統籌協調。1950-1964 年，先後有經安會、美援會、經合會這三個單位，他都在裡面扮演主導的角色，所以當他擔任財經兩部部長位子時，他能時時以非本位主義的立場來看各項政策推動，也因此在跨部會的協調工作方面，才能得心應手、諸事順暢。

3. 他累積了產官學研各界的人脈與威望

KT 在每個崗位、每個階段都做出了傑出的績效，除了備受各界矚目，也培養了許多優秀的幹才團隊。這些人散布在各個部會，從 1950-1990 年層層接棒，協助將各種政策落實，他們之中優秀的將才經驗，在本書第四章第二節有詳細訪問對談，但更多的人士因篇幅所限，未能在本書中一一詳介、殊為抱歉。沒有他們的無私奉獻、積極做事，KT 也無法完成這麼多的大事蹟。這些人散布在各部會、地方政府或企業界，使得 KT 在做跨部會跨領域的整合工作時，才能得心應手，事半而功倍。

KT 做事的精神——領導力、劍及履及、把事情做成，跟著他的團隊一段期間後，也能感受到他的信任與授權，從而培養出他個人的魅力與威望，只要是他交代的事——都跟促進台灣產業與社會進步相關。因此，眾人無不全力以赴，絕對不敢打折扣。

也因為他在計畫階段及財經兩部的 24 年，累積的人脈與領導威望，不要說一般的文官很少敢對他打馬虎眼，即使部次長級人物，在 KT 當政務委員推動科技時，重要的會議他們也都親自

參與。筆者還記得有次採訪王安電腦創辦人王安博士來台，成立**美台合作的創投基金（2000 萬美元）**，以當時來看，已是台灣最大的創投基金，KT 召開的這次會議，四個部長外加一個央行總裁（謝深中）皆親自與會。他們知道，若非會議重要，KT 不會要他們參加；反之，不參加開會的話，後面的跟催反而更耗事。另外，作為首長參與重要案子，也才能抓住 KT 推動科技的進程主軸，所以，對他們而言，一舉兩得。

1.3 七十歲成科技教父

　　1976 年 67 歲的李國鼎職場人生發生了很大的變化，他辭掉了財政部長的職務，可惜嗎？當然可惜！以身體還可以的年紀，離開了如此重要的職務，它的背景原因於本章稍後的「蔣經國與李國鼎的恩怨情仇」會詳細提到，時為行政院長的蔣經國會感到可惜嗎？當時他也還與李國鼎鬥氣、震怒中，不會覺得遺憾（參考註 1.1、1.2）。但是在那一年的衝突事件後，他還是援例聘 KT 為不管部會的政務委員。隔了半年，氣都消了，何況蔣經國心中也清楚，李國鼎的辭職，正是因為他的一個倉促決定所致。更重要的是，蔣院長也很清楚李國鼎做事的卓越能力。因此，蔣經國聽進身邊老臣的建議，認為李國鼎心臟開刀後，身體復原如故，還可以為政府繼續做事，應該繼續重用他。

　　讓他做什麼呢？環顧當時台灣經濟，雖然一片繁榮景象，然而在工業科研領域，尚是一片沙漠，蔣經國就決定在行政院設置**「行政院應用技術研究發展小組」**，由李國鼎兼任小組召集人，從此，又給李國鼎另一個可以發揮的大舞台，這個舞台間隔 30 年後，回頭省視 KT 所創造的產業規模格局，居然比計畫經濟發展民生工業時代，大上數十倍！當初沒有人會預料到會有這樣巨大

發展的結果，蔣介石、蔣經國這兩位總統父子檔，他們在中華民國政府遷台後，先後重用同一個人，而這個人在前後四十年官場職涯中，爲台灣創造的工業格局之大，**兩位蔣總統這種知人善用之明，絕對功不可沒！**

筆者前後與 KT 接觸 16 年，因爲主跑科技的關係，從李國鼎身上觀察到他「活到老，學到老」的實踐精神。他的知識非常廣博系統化，記憶力又好，因此雖然科技領域繁雜、種類又多、日新益新，他卻可以清楚理出頭緒，統領八大重點科技、數百項的發展方案，善用工研院、資策會支援的數十位技術財經幕僚，幫他做好每一項會議決策的追蹤、督導、管考的工作，終究把中華民國台灣推到全球科技產業製造的核心。

組織設計讓政策落實可行

李國鼎推動重點科技政策，每個項目在推動過程中，都牽涉到多個部會。各部會上下部門及平行在協調之間，就會耗去太多的內耗或效率。一項原來立意良好的政策，爲何執行幾年下來結果卻變調？關鍵就在主其事者沒有針對部會這種本位、山頭的運作習性，一開始就做好組織橫向、直向的聯繫。

KT 怎麼做到的？1977 年行政院長蔣經國任命他兼「**行政院應用技術研究發展小組**」召集人，他在組織方面，做了兩項設計，使得整個科技工作可以風風火火的推動起來。首先，他發起「**全國科學技術會議**」（以下簡稱科技會議），在這第一次會議

中，完成了「**科學技術發展方案**」（以下簡稱科技方案），方案追求：**加強國防工業、支援經濟建設、增進國民福祉**三大目標，並採取改善研發環境、整合上中下游科技資源與分工合作、加強引進技術與延攬海外人才等七項策略。在這前提下，決定成立「**行政院科技顧問組**」（簡稱科顧組），聘請國外跨國大企業，或國家級研究機構最高主管，擔任**外籍科技顧問**，在科技顧問組下，並設立執行祕書單位，統領祕書組人員，專負責與外籍科技顧問間的橫向聯繫。這些顧問在其本國都是科技領域重量級人物，位高權重，因此，同時要求外籍顧問本身，也建立自身固定的聯繫窗口，所有已成形科的技方案，執行中的進度、細節與問題，就透過這樣的聯繫制度，直達各自的上層長官，隨時反映、追蹤並解決關心的事項。

科顧組之外，KT 並在與科技政策推動最相關的國防部、交通部、經濟部、財政部、教育部、國科會，成立**科技顧問室**，專責各部會上下間科技相關計畫的管考聯繫，以及與科顧組執行祕書的橫向聯繫。為了追蹤考核與聯繫龐雜的各大小計畫，科顧組從工研院資策會借調了數十位管理與科技專長的人員，成為該組的幕僚群，歸執行祕書統一指揮，這些專才在科顧組工作數年後，回歸工研院與資策會，都成了大型計畫規劃、執行、管考的高手。

當時經濟部長張光世，為了顯示重視科技計畫，把該部科技顧問室的層級升格為**委員會**，由他兼任主任委員，並口頭向孫運璿院長報告取得同意，準備實施。KT 知道後，當面向張光世說明為何是在各部之下設立這種臨時編制單位的科技顧問室，為的是

做好各部橫向與直向的追蹤聯繫溝通的工作，這樣的工作，並不需要部長親自為之，孫院長聽 KT 說明後，立即批准這樣的組織設計，張部長憑空的想法，也就順勢消失了。

表 1.2　近年科學園區營運規模表計

項目 地區	營業額 （億）	成長率	廠商家數	主力產業
竹科 2020 2021	12439 15880	13.95% 27.7%	548 家	積體電路 光電面板 電腦&周邊
中科 2020 2021	9359 10949	17.4% 29.2%	151 家	光電面板 精密機械 積體電路
南科 2020 2021	8477 10352	14.06% 10.6%	220 家	積體電路 光電面板 生物、其他
合計 2020 2021	30275 37180		（2021） 919 家 員工30.2 萬人	

資料來源：參考科技部（現為國家科學技術委員會）官網統計

蔣經國與李國鼎的恩怨情仇

蔣李兩人合作再造台灣科技工業

　　1988 年，也就是民國 77 年元月 13 日這一天，蔣經國去世，報社指派時為資深科技記者的筆者去採訪李國鼎，談他跟小蔣總統相處數十年的種種經過。當天下午二時許，我守候在行政院人事行政局門外，等李部長（跟著 KT 周圍的部屬一樣，我這樣稱呼他）開會出來，徵詢他同意，身子鑽進他車裡，開始發問並聽他娓娓道來。從車上到他去杭州南路巷內傳統理髮店理髮，在師傅一邊幫他剪頭髮時，我邊問，他仍然邊答。理完髮司機載我們回到他杭州南路巷弄日式宿舍的家，在他家客廳繼續聽 KT 講，那天在經國先生過世的第一時間，我獨享了 KT 跟小蔣相處數十年的內幕及感受。前後共談了三個多小時，聽到的內容嚇我一跳，只想著，哇靠，原來老先生跟經國先生的過節如此複雜，又曾經有那麼多的磨擦……

話說回來，回顧李國鼎為台灣財經科技領域貢獻的 40
年官場生涯當中，有個人跟他關係密切，既是同儕也是上
司，後來，還擔任他的直屬上司共 14 年之久。兩個人跨部
會合作共事也有二十幾年，中間及後半階段兩人有好幾次
的衝突，最戲劇性的一次衝突，KT 甚至於辭去財政部長
不幹，這在蔣家當政白色恐怖的時代，幾乎是台灣官場中
人非常罕見的一個例子，這個人您當然猜到了，他就是蔣
經國。

將經國與李國鼎。

蔣經國未進入內閣閣員以前，他的頭銜是「**行政院國軍退除役官兵就業輔導委員會（簡稱退輔會）」的主任委員**，1964 年他開始進入內閣當國防部副部長，1965 年升任部長，這一年也是李國鼎因八七水災總指揮表現極為出色，被老蔣總統介石提拔當經濟部長的第一年，所以兩個人同年擔任部長，開始參加每周一次的行政院會，成為同儕的開始。

　　然而，在美援會經合會時代兩人因職務的不同，為爭取美援基金與經費，其時就已有相當長的接觸與磨擦（參考註 1.1）。

　　可想而知，以 KT 就事論事、積極解決問題的個性，由於他當部長之前，除了擁有 6 年工程及造船的企業管理實務經歷外，因跟著尹仲容的關係，還累積了 12 年的財經工業規劃、執行經驗，使得他對於國府所有財經產業政策面與實行面，極為熟悉，因此在老蔣總統主持的財經擴大會談或陳誠、嚴家淦當行政院長時的內閣例會中，他都能分析入理、侃侃而談，會議中只要參與討論，言之有物是必然的能力與顯現。

　　反觀蔣經國從國防部副部長、部長到行政院副院長的 8 年當中，都是從頭學起，在這之前，他的工作都是屬於不能公開討論的情報保安任務，內閣會議中，這類議題比較

放不上檯面，唯二的行政經驗就是在江西贛南當行政專員及上海解救臨於崩潰的管制市場經濟的思維，後者由於孔宋家族的挾制（見註 1.1 林孝庭著《蔣經國的台灣時代》第九章）最後功虧一簣，也造成上海快速的淪陷。「敗軍之將，不可言勇」，因此，這個經驗反而是蔣經國心中的永遠之痛。對於行政會議同僑財經官員們，每每以自由經濟市場發表看法、各種表現條理有據，蔣部長很少主動提出見解加入討論，更關鍵的是，他年輕時被老蔣總統送到蘇聯去學習蘇共的體制與運作，長期被蘇聯灌輸計畫經濟及物價管制思想，想法根深蒂固，與行政院財經同僑們，來自西方自由主義經濟觀念格格不入。形成他掌握全國行政大權之前，對嚴家淦、尹仲容、楊繼曾、李國鼎等財經同僑們因物價處理態度之不同，產生所謂：「官僚的作為實在太可惡了！」這樣的評語（註 1.1）。

其中還有一段插曲，就是他當退輔會主委的那幾年，為了爭取美援經費等 4200 萬美元，以支持該會主要計畫中的建設，如中部橫貫公路、榮民醫院的預算，不免要跟美國派來台灣監督美援運用的官員打交道，並跟財經部會的內閣同事們，競相爭取美援經費。論專業或交涉能力，他實在無法跟這班具備豐富經歷的同事們較量，過程中也種下了他對嚴家淦、尹仲容、楊繼曾、李國鼎先後幾任經濟部

長的成見，譬如他在日記上形容尹仲容「驕傲狂妄」，及楊繼曾「得意忘形，處處發表高談闊論，目中無人」（註 1.1 p390）。因此，1973 年接任行政院長後，雖然大權在握的蔣經國偶爾也會徵詢這些財經官員（註 1.1 第九章）關於財經政策的看法，但是他卻有許多基於在大陸時期壓抑物價，極其有限的財經經驗下的個人主觀意見，以及退輔會時代長期與財經技術官僚等務實改革派爭取經費產生芥蒂，心中已存在的主觀偏見（註 1.1 p 390）。

　　1973 年秋天石油危機，導致台灣當年經濟成長率從兩位數的 11.9%掉到 0.6%！是國府遷台以來，首次經濟成長率掉到個位數，甚至近零的嚴重水準。物價受到嚴重波及，時為行政院長的蔣經國為了實踐年前向社會大眾宣示不調整民生物資價格的承諾，因此，裁示經濟部對數十種民生用品採取限價的人為干預作法。此跟經濟部長孫運璿、財政部長李國鼎等技術官僚，主張放任由市場自由浮動決定的自由經濟機制理念差異很大，在當年 6 月中旬的行政院會，「蔣經國對於經濟部長孫運璿與財政部長李國鼎兩人不肯直接對民生物價議題負責，發了他擔任閣揆以來最大的脾氣，痛罵『官僚的作為實在太可惡了』！」（註 1.1 p 402）

　　一直到 1974 年，在他領導下的行政內閣對物價處理荒

腔走板，導致當年物價波動高達47%！政府公信力頓失，這事件之後，蔣經國才終於覺悟，並在日記中檢討：「對於物價問題的看法，實在太幼稚了，亦看得太容易了。」（註1.1）自此，才漸漸尊重這些財經專業技術閣員的建議。

蔣經國掌政時最大的政策就是「十大建設」，後來的成果證明，確實是一項大有為也是極為成功的建設，是讓台灣步入現代化國家具體而微的重要政策。可是推動初期，五年需要 50 億美元的龐大經費，要從何來？他在日記中寫下：「經費雖大，但如作分類和分期處理，必可得到適當之解決。」可見對外宣布這十項重大建設之初，整體經費與預算，並未經過財經部會精密的籌設與規劃。基於前述蔣經國對財經同僚多年下來的成見與自負，他沒跟負責財政收入稅負的財政部長李國鼎商量，「部裡上下，竟然一無所知」（註 1.2）。KT 跟筆者說，十大建設牽涉龐大的經費預算，事前都沒跟籌劃全國財政收支的財政部長（指李國鼎）商量，後來缺建設經費，還要 KT 飛到沙烏地阿拉伯去跟費瑟國王借錢，蓋中沙大橋。當時為了籌措建設經費，除了要財政部發行各種公債之外，還要設法向國外爭取貸款，費瑟國王撥借兩千萬美元（後來李國鼎又跟沙烏地成功借貸幾筆經費合計數億美元）。1974 年 10 月李國鼎赴美後，另外又爭取到美國進出口銀行首批兩億美元貸

款，對方還承諾另筆高達 9.3 億美元的貸款，此外，蔣院長也接受 KT 建議，開始實施所得稅的徵收，擴大全國稅收（見本書 4.2 節）基本盤，就這樣一步一步，才終於解決十大建設經費無著落的問題。

蔣經國那幾年，也漸漸明白財經收入支出事先規劃籌措實際面的必要性。在他的日記亦透露：「與各部會首長越談越多，亦越談越嚴重。」甚至於覺得：「對於政府所遭遇到的困難和意圖，連官員都不了解和諒解，則何求於民眾？」這裡頭講的官員之一，當然隱含 KT。問題是，李國鼎官場一生中從不畏困難，碰到問題都會想辦法解決，個性決不退縮，從尹仲容到嚴家淦，甚至於老蔣總統都對他的勇於任事，劍及屨及解決問題的能力，印象深刻並重用他，這位在老爸時期培養的大將，到了兒子蔣院長大權在握的時期，KT 怎麼會給小蔣這樣的印象？甚至於在蔣經國的日記中出現：「政治慾望過強」、「驕傲而不能與人合作」、「個性偏激衝動，且喜功好名，甚難共處」、「本位主義太重」等對李國鼎評語的主觀情緒（註 1.1）？

其實說穿了，存在於蔣李兩人之間的芥蒂，就是小蔣執政時的前半段，不能跟他老爸一樣對李國鼎充分的尊重與信任，如果蔣經國能尊重 KT 的專業能力，以「禮賢下士」的精神對待，並信任授權李國鼎全力而為，那麼以 KT

的智慧與經驗，一定會幫他把十大建設所需的經費籌劃得宜，並且赴湯蹈火的遠赴國內外去洽談財源。只因為缺乏這樣的尊重與互信，最後兩人激烈磨擦，甚至導致李國鼎的棄官而去。話說 1970 年代，財政部長職責之一是管制物價，李國鼎擔當部長的第七年，也就是 1976 年秋天，財政部調漲民生用鹽價格，因事前未向行政院報備，向來對民生物價波動極為敏感的蔣經國，聞後大發雷霆，逕行發布命令，財政部從次長以下到糧鹽司長皆遭免職，李國鼎前往行政院找蔣理論，兩人發生嚴重手吵，李怒氣沖沖的離開蔣的辦公室，同時提出辭呈，蔣亦氣憤難抑，將手上的公文夾往桌上一擲稱：「財政部長不是李國鼎一個人能做，別人也能做啊！」（註 1.1）

分析起來，蔣經國不按制度常理先找李國鼎談，聽聽財政部長主其事者的說法，卻斷然做這樣的處分，歸納緣由還是兩人長期的心結與成見。當然，這件事，還牽涉個人私人因素，某人在蔣經國旁邊咬耳朵（參考本書第四章 4.2 節對陳棠先生專訪），造成兩者此事的激烈磨擦，也是重要原因之一。

當然，其中還有一個重要背景，就是老蔣總統已在前一年（1975 年）仙逝，嚴家淦代理總統，身為行政最高首長又是黨國內定的總統繼承人，蔣經國對重要人事或政策的

處理已無顧忌，故在這件事上，一洩多年受這些專業財經官僚的怨氣，是可理解的背景。

蔣經國的一生都是偏好由政府主導，保守暨保護觀念濃厚的「計畫經濟思維」，這與嚴家淦、尹仲容、李國鼎、孫運璿等財經決策官僚「自由經濟」、「開放市場觀念」常常發生嚴重的矛盾或衝突。1976 年台灣出口額單月創下八億美元，中央銀行外匯存底總額高達 28 億美元時，他在日記上仍然記著：「所謂自由經濟乃是『不聽話』的經濟，所以政府務必注意到計畫指導，這是需要智慧和高度的責任感。」（參見註 1.1）

可是，上天厚待台灣，李國鼎辭去財政部長後，被蔣經國依例聘為政務委員。經過了六個多月的沉澱，蔣在這件事後，也有反省，並聽從旁邊大老的意見，認為李國鼎心臟開刀後復原順利，還可為國家效力，因此建議蔣再重用他。

經過 1973 年第二次石油危機造成物價強烈波動，更是讓蔣經國了解，財經問題畢竟有其寬闊、複雜的考量，不能用 1940 年代處理物價的有限經驗去干預，尤其科技更是不同領域，蔣經國自稱是「科盲」（註 1.1）。因此，1976 年 12 月蔣經國決定請李國鼎來推動科技，並給了**「尚方寶劍」讓 KT 兼「行政院應用科技研究發展小組」召集人**。並且，因面臨國家多項困境，包括 1971 年退出聯合國、1975 年老蔣

總統過世等，小蔣一改多年的偏見，充分信任並完全放手讓孫運璿與李國鼎的「科技內閣」（當年媒體給孫院長與KT 這對長官僚屬良好搭檔的封號）去推動科技。自此，李國鼎以 67 歲高齡，長達 12 年時間，投入科技研發這塊沙漠，帶動了台灣科技產業從無到有的一片藍天。

從李國鼎擔任這個小組召集人開始，到 1988 年 7 月辭去政務委員退休，被李登輝總統改聘為總統府資政（因時齡 79 歲，在內閣閣員年齡而言，已是異數）為止，這關鍵的 12 年，把八大重點科技中的個人電腦及電子工業做大，並為光電面板、半導體產業做好了最重要的扎根基礎，包括研發計畫、人才培育與延攬、科學園區、財團法人中的工研院、資策會、生產力中心等，都同時帶動了台灣技術升級、品質升級等面向，為台灣進入 21 世紀現代化國家厚植了良好的經濟產業基礎。

當 1988 年元月蔣經國過世，李國鼎以 79 歲高齡，也在這年的 7 月正式從行政系統退休，蔣李兩位政治場中的恩恩怨怨自此劃下休止符。台灣從 1940 年代到 60 年代出生的三個世代人士，對他們這兩位官場人物應該都不陌生，一個是從政治角度主導全島人民的思想與行動自由，並為台灣基本建設帶來現代化的良好基礎；另一個則是帶動台灣工業化──從民生工業到科技產業蓬勃發展，並厚植技

Chapter 2

他們的使命感
讓台灣成就偉大

前言：本章將影響台灣工業化 **70** 年過程中，最具關鍵性的幾位人物做詳細的描述，其中，李國鼎與嚴家淦、尹仲容、孫運璿、石滋宜這四位的淵源最深也最廣。因此，在個別章節裡，對他們彼此的關聯也一一說明。

李國鼎的班底。

筆者與李國鼎（攝於 1991 年 1 月）。

2.1 開啟台灣工業化的大門

嚴家淦、尹仲容的計畫經濟

鐵三角：陳嚴尹

台灣工業的啟蒙之父，大家都以為是尹仲容，其實他在生管會、經和會與美援會的前半段，確實是擘劃工業大計的靈魂人物。可是如果沒有**陳誠與嚴家淦跟尹仲容**構成的**「鐵三角」**，建構一個可以讓技術官僚做事的環境，那麼尹仲容或者後來的李國鼎、孫運璿，就沒有可能產生石破天驚數十年的開創作為，這是外界對此不夠了解的地方，也正是李國鼎對陳、嚴兩位長官的評論。

李國鼎認為，國府遷到台灣治理的數十年所有官員之中，嚴家淦做得最好，為什麼？

這就要追溯他來台的歷史，嚴家淦 1945 年就到台灣來，是與省政府主席陳儀來台就任的第一批官員，開始先擔任交通處長，後來轉任財政廳長，這個位子開始發揮他的專長。在這之前，抗戰時期他擔任過福建省財政廳長，以及戰時生產局採辦處處長，抗戰勝利後，擔任美援會兼任委員，很早就受到老蔣總統的賞識

（參考註 1.3）。

嚴家淦任財政廳長時，發生了經濟上的一個大事件，也就是舊台幣換新台幣的財政政策，事實上，它也是當時轟動台灣政局，影響政治穩定的大變化。物價飛漲、人心惶惶，嚴家淦向蔣總統、陳誠院長兩位長官建議，堅持採取編製預算、平衡預算的制度方法，然後依照需要，每年發行一定額度的年度公債，使預算得到控制，穩定了當時的政治、經濟狀況，嚴家淦穩定經濟的功勞很大（參考註 1.2）。

工業化前 30 年的進程，替台灣創造龐大的外匯存底與高額的國民所得與就業機會，充裕的國庫才能進行 1980 年代其後十年的各種大建設，把台灣翻轉為現代化的國家，陳嚴尹的鐵三角組合正是「台灣經濟奇蹟」第一階段翻轉這歷史過程的關鍵人物。而這三位為官一生，替這個國家做出這麼多的貢獻，除了具備專業、能力外，視野跟格局無出其右，克服困難解決問題的堅強毅力他人也難比，並且，共通的人格特質是「清廉無私」，與後來的孫李趙等人相互輝映。

尹仲容

民國 40 年以前，台灣是個典型的農業社會，除了少數煉糖、製鹽的國營企業以外，基本上，從北到南無數的農家、農場構成了「日出而作，日落而息」的農村景象。而二戰後受到美軍轟炸的結果，則是一片殘破凋零的現象。然而，因為戰爭剛剛結束不到 10 年，在沒有砲火的壓力下，家家戶戶放心的「生產報國」，每

戶人家平均生個 5、6 胎小孩是極正常的事。因此，1965 年左右，每家孩子到了初中畢業的 16、17 歲年齡，除了二、三成的家庭會讓這些孩子繼續升學外，大多數的農村小孩從小學起就要幫忙家裡田地幹活，或者養豬種菜。農村人口增加很快，有很大的比例在國小、國中畢業後，就專事農作。在農忙之餘，或者老大負責幫農，接下來的幾個孩子就要找事做，龐大的待業閒置人力，50 年代末成了當政者亟待解決的問題。

這種背景下，當時由陳誠主導的「生產管理委員會」就由嚴家淦、尹仲容等人，開始為國府退守的這塊反共基地擘劃經濟生產大計，一方面開源節流（生產替代進口），另方面藉由興辦民生工業或國營事業民營化，消化大量的鄉鎮勞動人力，拉開台灣民營工業的序幕。

這個階段領頭做事的關鍵人物——尹仲容，他怎麼擔起這面台灣工業化啟蒙的大旗？

尹仲容是湖南人，大李國鼎 7 歲，1935 年畢業於大陸時期的交通大學電機系，在大學前後的職場經驗包括：安徽省建設廳長途電話工務主任、教育廳科長、交通部電政司科長、中國建設銀行協理等；算是涉獵了電信、教育、金融三種不同領域。1939 那年開始參與政府政策的經濟產業領域，第一個踏腳石，就是被派遠赴美國紐約擔任國民政府「資源委員會」的國際貿易事務所駐美分所主任，是當時甚早即有涉美工商事務經驗的專業人士。將近 6 年在美的工作經驗，除了蓄積人脈之外，最重要的是了解美國政府的運作、美國人做事的邏輯。隨後從美國回中國大陸國民

放大了台灣在百多個國家的能見度。因此，後來的 20 年，從民生工業、加工出口區到電子業，各項具體計畫經濟下的成效，吸引了東南亞、中東、非洲的許多國家官員、民意代表、產業組織，紛紛率團來台灣觀摩考察，也是極為成功的經濟外交成就。

尹仲容在生管會推動民營工業化的代表作就是「**代紡代織**」這項產業政策，要知道 50 年代的台灣，紡織布或成衣多仰賴從日本、美國進口，一般家庭買不起，當時許多窮苦人家都還有利用美援的麵粉、黃豆等大包裝的麻布袋，用來替小孩裁成衣服、短褲等的做法。尹仲容見美援物資中有大量的棉花與棉紗，如果能加工成為織布再製作成衣，大量供應民生需要，除了替代部分進口節省外匯外，也可扶植本土的紡織工業。剛好上海幫的紡織業人士如徐有庠、尹書田等及日本人撤走留下的一些紡織機器被台南幫的吳修齊、新光吳火獅等接收，因此有這麼一批舊設備與初級技術人力可運用。

所謂的「代紡代織」就是生管會下訂單給這些擁有生產設備的廠家，委託他們織成布匹，然後以合理的價格收購，再配送各製衣通路，做成各種服裝，投入的廠家們因為替棉花、棉紗等原料加工，有政府的利潤保證，就敢大量雇用作業員及技術人力，賺的營收再繼續投資，買新的設備及投入研發設計費用，就這樣正向循環，慢慢的帶動了紡織業。十幾年下來，不僅上游棉紗中游棉布，連下游的成衣、襪帽、各種服飾都有數百上千家生產廠商。最多的時候，中部的員林、社頭就有數百家製襪工廠，成為一個上中下游完整的產業，整個紡織業的供應鏈逐漸成形而壯

大。一直到了 1970 年代末，跨越許多年度成為台灣第一大外銷工業，最興盛時期也養活了「產銷人發財」各領域數萬家廠商數十萬的就業人口。

這個紡織工業可以說就是當初在尹仲容的主導下，最具體而微，一項極為成功的工業政策。

「扶植民營工業」與「進口替代工業」其實就是一體兩面的政策。利用美援基金成立的台幣相對基金，支持民間發展 PVC 塑膠工業、汽車工業、鋼鐵工業、金屬工業等，並在嚴家淦擔任財政部長任內將水泥、紙業、工礦與農林四大公營企業開放民營。此外，在美援支持下，國營事業副產品工業計畫上軌道後，立法盡量授以民營，在這樣多元具體推動下，1960 年左右民間工業化已發展到 6 千多家企業的規模，公民營事業的產值也從 1946 年的 60：40，發展到 1958 年的 38：62，其中最為大家津津樂道的就是前述王永慶的台灣塑膠 PVC 事業。由於他的卓越管理能力，多年後，成為當時亞洲最大的 PVC 企業，當中國大陸從 1978 年改革開放，1985 年代成立四大經濟特區，並歡迎台塑集團去大陸投資時，它已經是全球數一數二的 PVC 大廠，老共也不得不特案允許台塑在大陸的大型工廠百分之百獨資。

追根究底，PVC 塑膠工業這個投資案，是由國營的台灣鹼業公司向美援機構提出，批准後，國內有兩派持不同意見，一派認為只有國營及管制才能統籌運用資源與人才，發展這項工業；尹仲容則力持異議，認為應該讓它民營，在極力主張爭取下，獲得副總統陳誠與財政部長嚴家淦的同意支持。

講起來也是王永慶的運氣，工業委員會主管化學工業的嚴演存原來屬意的是由民間永豐餘的何義來興辦，沒想到當年 PVC 市場國際價格暴跌，何義沒有意願承辦。

於是尹仲容就請台灣銀行查看何人在台銀存款最多，結果他們發現，嘉義分行一位米商王永慶有八百萬元存款，嚴演存乃透過趙廷箴邀約王永慶一起投資，然而不久後，王永慶決定自己獨資興辦。因此還發生一段插曲，就是某些官員懷疑是嚴演存將國營事業提出的計畫交予民間，從王永慶處得到若干好處，嚴演存受到誤解積憤難消之下，當尹仲容辭去工業委員會召集人時，他也跟著辭職。（註1.3）

王董憑著能力，在 PVC 領域打下一大片江山，他大概也不知道幫助他的貴人，不但沒有一絲好處，還因誤解離開了工作崗位。以今天的官場來說，很可能落個「圖利他人」的罪名，不但丟了工作，還可能身陷牢獄之災。這個例子並非教天下有為的官員都不任事不敢負責，而是學習到在決策過程中，盡量讓資訊透明化、公平化，訂定明確的遊戲規則，如此，君子坦蕩蕩，不怕無理之徒的干擾，既對得起國家、又對得起自己。

尹仲容可說是台灣工業化之父，期間他不畏權勢與艱難，積極推動，毫不計較個人得失，一度還因經濟部長兼中央信託局局長任內一項重大採購案被立法委員檢舉不法，被停職調查 20 個月；復職後擔任經安會祕書長，再轉為美援會副主任委員，仍不改其勇於任事的魄力，一直做到 60 歲積勞成疾過世。他更是引李國鼎進入國家政策規劃工作的貴人，讓 KT 對籌劃國家經濟產業

扎下全面而深厚的認識與基礎。

財經人才培育的搖籃

　　縱觀尹仲容官場一生，對台灣走向工業化，其貢獻實在不可磨滅，並且，終其一生他從不爲己，對於做對的事，擇善固執、不達目的絕不罷休。有一個例子，台灣銀行當時早已印好百元及伍拾元面額新鈔，但因爲怕引起通貨膨脹，沒人敢發行，尹仲容身爲經濟部長知道後，一面簽報行政院，一面就宣布發行，立法院大驚之下，立刻找財經兩部長去質詢，面對立法院強大的壓力，他挺身而出說：「要是有通貨膨脹，由我一個人來負責。」（註1.2 p84）他一生從未加入國民黨，卻得到老蔣總統的非常信任，KT 晚年認爲老蔣總統這種賞識人才、重用人才的態度是台灣經濟奇蹟一個重要的因素。

　　1950 年代老蔣總統丟掉大陸江山，痛定思痛，檢討起來，當時抗戰時沒有同時進行經濟改革是挫敗關鍵因素之一，讓共產黨鼓動廣大農民及年輕人起來反抗，坐失戰勝利的良機。所以國民黨撤退到台灣後，首先由陳誠主導進行土地改革，包括：耕者有其田、三七五減租、公地放領等一連串農業土地政策，讓百多萬戶農民中的數十萬戶開始擁有土地，爲自己最大的利益努力，於是立刻改善稻穀收獲從 3-5 年內翻倍，年收兩百三十餘萬噸。

　　財經方面，則放手讓嚴家淦、尹仲容、李國鼎、王作榮一批優秀、能幹又勇於負責的技術官僚規劃、執行，以及來自國外的

蔣碩傑、劉大中等博士專家的顧問協助。正好，美國當時是世界經濟能量最大、資源最豐富的強國，為了防堵共產勢力，它開啟「馬歇爾計畫」，以軍、經援助全球包括亞洲在內的經濟落後國家，當時大部分的國家剛脫離二戰，或脫離英、美、法的殖民不久，領導人絕大多數都是獨裁的強勢政體，不懂財經工業，也沒有專業又無私的技術官僚。因此多數受援國家，美援物資不是被轉賣國外、進入家族私帳或官商勾結，廉價地半買半送給當地商人，養大財團家族與特殊關係人財富，對國家的進步而言，並無多大益處。唯獨少數國家如台灣，在最高領導人無私及高度信任下，尹仲容、李國鼎主導的一群理工人才，按部就班，扶植食品、飼料、紡織、麵粉等一群輕工業，從零到有，從有到成形、壯大，讓美援物資發揮了最大的效益，成了亞洲由農轉工產業轉型的最佳典範。

計畫經濟與國營事業必要嗎？

尹仲容規劃台灣經濟發展的模式，既不是西方放任式的資本主義，也不是共產社會由政府強力主導的計畫經濟，而是有邏輯、有步驟的「計畫式的自由經濟」，對李國鼎等後來加入生管會的將才們，有潛移默化的影響。尹氏強調的「計畫式自由經濟」有三個特質：

第一是當時民間發展的力量很薄弱，沒有企業家，只有政府或少數經濟組織如銀行，能利用自己優越的條件，如資金、人才、現代知識與有效率的組織，來代替民間的力量；其次是台灣

資源不豐富，必須統籌運用，不能容許浪費；第三則是台灣工業化的時間很緊迫，不能有拖延。所以一開始由政府來主導。

21世紀的今天，我們來看這種計畫式的自由經濟，真的是有別於世界資本與共產兩大陣營的經濟模式，但是「巧婦難為無米之炊」，如果不是剛好有來自美國龐大低成本的美援資金與零成本的大眾物資作為強力支援，從民生輕工業開始，引導式的讓民間工業漸漸形成，幾百家企業立足後，再重點輔導紡織工業（如紡織研發中心、紡拓會等）使其壯大成為有規模的產業，否則主其事者也無以為功。

政府主導下的計畫經濟，如果碰到需要大資本、建設期長又需長期發展的生產事業，一開始當然是政府跳下來做，行之有年後，就變成國營事業，國營事業因為掌握產業經濟權力以及龐大營收利益，在共產國家或獨裁政體中都當成必然的執政手段，需要牢牢掌握。而自由經濟理論者認為，為了追求事業體的效率與競爭力，應該盡量開放民營化經營，讓它們符合供需市場自由浮動平衡的機制。由於經營者常常是官派（自己人）的非專業經理人，經營過程中也以統治者的偏好、一家之私，或討好部分黨務集團的利益而作決策，到最後虧損、累積龐大負債是必然的結果，並由全民來負擔，從各國產業發展歷史，歷歷在目，可見一斑。

然而，決策領導人若想要改革國營事業體，把它下放為民營，必然會遭遇國營事業上下既得利益集團的強烈反對，猶記得英國前首相柴契爾夫人1978-1990年在任期間，為了推動國營事

業的私營化（民營化），引起長年媒礦、鋼鐵等大中型國營事業員工組成的工會激烈的街頭對抗，成為二戰後英國最大的工會暴動，最終還成為她下台的原因之一，可見國營事業的民營化何其困難也。

本書往後幾章，會描述李國鼎對國營事業民營化的長期主張，他當初扶植幾項重點科技，也是循著尹仲容的模式發展，只不過 KT「青出於藍而勝於藍」，把發展科技產業所涉及的人才（教育）、資金、技術、各種資源做更具體、更詳細的規劃，加上跟催與執行力的展現，所產生的力道、規模更是當年民生工業的數十倍以上。

觀察尹仲容的能力與性格，發現他具有「雖千萬人，吾往矣」的抱負與膽識。早期在美國工作 6 年，有負責協助國民政府將美援化為戰時最缺的物資、武器送回國內的經驗，以及擔任行政院長宋子文執行祕書的幾年歷練，這樣的特殊經歷，讓他能縱觀全局直取重點，長期的規劃與比較分析訓練，又使他能把複雜的事情很快理出輕重緩急，運用資源發揮最大效益。終其一生為國家做事，龐大的資源與金錢由他掌握，卻從不中飽私囊，這種一切為公的行為，相較今日重功逐利的社會，看來格外令人欽佩。

財團法人機構怎麼來的？

台灣工業發展過程中，**「財團法人機構」**對推動每個階段的新興工業，都發揮了助臂添翼的莫大效果，從 1955 年中國生產力

中心的籌備開始，到 90 年代的「生物研究發展中心」、「食品工業發展研究中心」爲止，總共有 12 個隸屬於經濟部的財團法人機構陸續成立，其中比較出名的當然是**「工業技術研究院」（簡稱工研院）**及**「資訊工業策進會」（簡稱資策會）**。前者是孫運璿經濟部長任內，盡力溝通黨政各界之下才成形；後者則是李國鼎當政務委員時，看到先進國家電腦化如火如荼的展開，知道電腦化對工業產銷研發財的運作幫助很大，可提升很大的效率，對政府機關的便民與行政資訊的系統建置也有很大的助益，因此成立的組織，專司推動全國公民營機關資訊化、以及全民學習電腦化。這兩個機構對台灣社會現代化、經濟與產業的貢獻，都十分的重要。

這系列財團法人機構的始作俑者——嚴家淦、尹仲容，怎麼會想到在正式機關組織之外，成立這種半官方機構呢？原因在於美援會前後多年與美國人打交道，受到後者的影響，了解美國二戰後也有許多類似的組織，拿政府的預算，卻沒有政府機關運作的許多牽絆限制，於是慢慢的在腦海中存下印象。

生產力相關的組織成立背景源自於二戰後的 1947 年，英國接受美國的「馬歇爾援助計畫」，有鑑於工廠生產力相對於美國落後許多，於是在國際組織協助下成立「生產力中心」推動生產力的提升。1950 年後，亞洲的日本、新加坡、菲律賓受到這種風潮影響，也分別在其本國地區成立提倡生產力的機構。APO（亞洲生產力組織）從那時候開始運作，台灣以「中國生產力中心」名義加入，是創始會員國之一，近年並輪值當常任理事，現今仍有 20

個國家參與運作。

財團法人這種半官方機構，在用人的薪資方面有相當大的彈性，不必受制於行政機關職等制度的牽絆，尤其在「破格」任用專業人士方面。因為任何一項新的（工業相關）政策要推動成為具體的產業或成果，就急需當時懂這方面的專家來協助。而在任一項新的產業或技術推動初期，都特別缺乏資深專業人士，並且這類專業人士在供少需多情況下，待遇都偏高，而一般行政機關鐵板一塊的用人規定，既要符合文官任用資格，薪水待遇又不高，對專業人士來講根本沒有吸引力。財團法人就不一樣了，它用人的資格純以專業經驗為判斷，根據其能力經驗有不同計薪的彈性，這是它們能聚集人才有力的工具。舉個例，1985 年張忠謀先生被孫李兩位大老再三催促邀請下回到台灣，以「工研院院長」聘任，人事單位想盡辦法，包括專車司機、提供院長獨棟宿舍、特別職務津貼等等，連同薪資加總起來已比部長級待遇還高，卻不及他回台前在通用器材（GI）年薪（24 萬美元）的一半，就是一個例子。

另外，這些財團法人單位的經費，大都還是來自政府（特別是經濟部）編列經費撥用的，直接監督者就是編預算的單位，可是每筆錢的用途，不會像行政單位般，受到會計審計部門的嚴格監督與審核。通常，在這種層層管制下，一些積極做事的文官，碰到幾次糾舉挫折後，寧可「不做不錯」。

尹仲容推動下的「中國生產力中心」有個協助他的關鍵人物叫高懿謹，他很早就跟著尹仲容，經歷過生管會委員、工業委員

會一般工業組委員的職務。在這之前，1946 年他擔任台灣機械造船公司總經理，早李國鼎 5 年，所以曾經是 KT 的主管，也長李國鼎 6 歲，是留美派，大學念的是美國普渡大學機械系，後來到伊利諾大學機械工程碩士，在當時是極優秀的工程人才，又有鋼鐵廠、造船廠的多年管理經驗，受到尹仲容的賞識後，將他調到工業委員會。尹仲容接受美援會美籍顧問的建議，遂有組織財團法人機構的構想，就委由高懿謹籌備經濟部轄下的第一個財團法人機構**「技術輔導中心」**，後來正式名稱定為**「財團法人中國生產力中心」**，高懿謹順理成章就從籌備委員成為第一任的總經理，從 1955 年一直做到 1967 年，然後又從 1968 年又做到 1971 年，總共做了 15 年的總經理。

　　這裡面還有一個很有趣的插曲，就是他停職的一年（1967-1968 年）應東海大學校長之邀，擔任由他在 1963 年協助東海工學院院長李泰德博士創立的「工業工程學系」，當系主任並兼東海工學院院長。同一年，台灣工業人才培育的兩大搖籃——台北工專（今日的台北科技大學）與明志工專（今日的明志科技大學）也分別成立了「工業工程組（三專）」與「工業管理科（五年制）」，使得台灣的 IE 人才培育從這一年起，風起雲湧，開始培養大批工業工程相關專業人才，對推動台灣工業水準的更上層樓貢獻頗大。可是，財團法人機構有個致命的缺點，就是他們拿的還是政府的相關預算，監督他們的也是給預算的部會，也有評審委員、評鑑委員等在把關，筆者也曾經擔任過經濟部科專的評審委員，長期觀察工研院、資策會這些大單位，在初期運作的

前一、二十年，確實都發揮了成立初衷的功能，但是後來的發展與經營就褒貶不一了。有些部門所編列的預算只是「為養人而養人」，研發計畫或推動內容，都是官樣文章，甚至部分專案的績效數字，都是紙上作業的假數據，實在令人搖頭。

「中國生產力中心」的運作亦然，前十年還做的有聲有色，到 1970 年代末，冗員到處安插，領高薪而沒做事者所在都有，因此，逼得石滋宜 1984 年接任總經理後，痛下改革，先想辦法讓有龐大靠山的幾個人走路，一切回歸績效，讓願意做事的人得以發揮，這部大機器才能動起來。

還有，當時李國鼎倡導的加工出口區才進入第三年，美歐幾家跨國電子廠商在台灣設廠未幾年。在那時，能有這樣前瞻想法，開始培養台灣的工業工程人才，就是因為尹仲容的促成、高懿謹的專業背景，開啟了台灣大專院校紛紛成立工業工程相關科系，培養大量 IE 專業技術人才，協助工業生產系統化，現代科技的開始。

後來成為石博士推動工業升級，三大運動的重要大將李傳政，就是出自該校第一屆畢業生，李傳政還記得自動化服務團的 IE 組後來跟 CPC 的「經營管理處」合併，有次開會時，IE 背景的專業人員及學生密密麻麻坐滿了近一百位，可見 1980 年代，靠著「石頭」的魅力，把台灣工業工程人才大量的集結在服務團與 CPC 這個中心，才能有這麼大的能量去推動合理化、標準化、提升品質等 IE 核心工作，替台灣的工商業界改變了體質與面貌。（詳見本書第二章 2.3 節）

2.2 孫運璿對台灣經濟的具體貢獻

　　從台電總工程帥幹起的孫運璿，對台灣工業化的前 35 年，發揮了關鍵的力量，是僅次於李國鼎，發展台灣三階段工業的靈魂人物，在此詳述之。

　　綜觀孫運璿職場人生發展的三個進階，可分為三個時期，分述如下：

第一階段：全島電力的建置台電時期

　　如果說尹仲容、李國鼎一生致力於提升中華民國 —— 台灣的經濟規模、產業實力，把台灣的整體經貿科技國力提高到舉世前十幾名，大力改善了全國人民的經濟所得水準，成就了全民的「均富」。那麼孫運璿職場首先致力的是推動台灣的基礎建設，第一步把受二戰美軍轟炸得面目全非的全島電力架構，架設恢復，讓全島電力供應無缺，支援了後來的工商業發展；接著參與「十大建設」、「翡翠水庫興建」、「台北都會地下鐵」、「北部防洪計畫」等重大建設，當中包含了鄉村偏遠地區道路與電力普置，整體提升了台灣全島人民的生活水準，脫離農村窮簡階段，

讓台灣全島進入現代化。

　　孫運璿對台灣的第一個貢獻，可說是適時提供當時工商業與民生急需的動力來源。以 50 年代的背景，二戰後百廢待舉，沒有電力就沒有工業，所以，孫運璿在壯年的前 20 年全心投入電力建設。要知道，二戰時台灣電力系統受美軍轟炸後，設備受損，長途輸配電網滿目瘡痍，到處缺重要零組件，日本數千電力人員，因受停戰協定規定，必須遣送回日本本國，以台灣有限的基層人力及嚴重缺乏的工程師群，要短期恢復電力簡直不可能，日本專家估計最快也要五年以上的時間。然而在孫運璿作為台電總工程師帶領下，以建設中華民國為己任，主動積極，並用將心比心的管理風格，化不可能為可能。

　　我們回顧一下孫運璿職場上的具體事蹟。

　　年輕時在俄羅斯勢力影響下於東北哈爾濱工業大學畢業的學生——孫運璿，在國民黨統治中國大陸的 1930-1948 年階段受教育成長，卻最終能成為中華民國退居台灣後，執政的第二號人物——行政院長，他的職業生涯可謂一項奇特經歷。起初固然是老蔣總統（蔣介石）的任命開始啟用為官，然而從擔任台電總工程師時，他就受到一個人的注意，並時時刻刻觀察他、提拔他，那個人就是時任行政院退輔會主任委員，後來從國防部長、行政院副院長、院長到接任總統的蔣經國。所以說，沒有蔣經國這個貴人，就沒有孫運璿官運轉折如此之大的結果。

　　當然，蔣經國對人的考核，能力與操守是第一，態度、談吐、外表的高挺、雍容大度是其二，這點李登輝與孫運璿非常相像，

他們兩位：一個本省、一個外省背景，在當時台灣威權統治走向民主的轉型中，兩人很幸運的，在「天時、地利、人和」之下，被老蔣刻意栽培的接班人——蔣經國欽點培養，成就了人生顛峰的一番事業。孫運璿 69 歲時，如果沒有發生身體狀況——嚴重中風，照蔣經國的安排，應該是更上層樓，成為副總統、總統，可惜天不從人願，反而讓李登輝循序接任，提早（或說是意外）登上中華民國總統的位子，打亂了蔣經國的布局，也讓孫運璿的官途戛然而止。

當年，22 歲的孫運璿剛從哈爾濱工大以第一名畢業，寫了一篇論文《配電網新算法》，投稿到中國工程師學會的《工程雜誌》，得到論文第一名，受到當時資源委員會專家惲震的注意，寫了封信給這位後生，邀他到資委會做事，使得才剛剛化妝逃離日據東北地區抵達洛陽、連雲港的他，輾轉到資委會所在地——南京報到，開始工業報國，那年是 1935 年，孫才 23 歲。

1942 年以前，配合抗戰支援後方重慶及大西北戰時的需要，孫運璿在物力極度短缺下，每每要供應當地緊急電力的迫切問題，調度貧乏的器材，因應各種發電、輸配電的需要，把不可能化為可能。這 7 年，從基層工程師到電廠主管，協調各方，達成各階段任務，孫運璿短短幾年練就一身解決問題的十八般武藝以及管理人事物的本領。

最艱險困難的一次，是接到上層命令，把剛蓋好的連雲港電廠設備，全部拆解運到後方的四川自流井，中間歷經秦嶺、大巴山等百多座山頭，高的有二、三千公尺。戰國時代的秦國為了征

服四川蜀國就費盡多少困難，而有「蜀道之難，難於上青天」的譬喻，如何在無機動車輛的支援下，把這麼既重又多的設備、零組件運到四川，更何況還有一座無法拆解、重達 20 噸的大鍋爐！孫運璿負責組裝一輛克難式的大車，最大可拉 40 噸重的設備，然後在商借或物資交換下找了 18 隻騾子，就這樣克服沿途萬難，一步一腳印的將這些輜重設備運達目的地，身為領隊的孫運璿將不可能的任務化為可能，讓資源委員會所有長官們留下極深刻的印象。

正因為戰時的傑出表現，1942 年，也就是民國 31 年，國府選派了一群各種領域的工程人員去美國受訓時，30 歲的孫運璿被資委會的長官強烈推薦，遠赴美國。三年當中，他受到田納西水壩當局（TVA）工程專家親切的接待與關懷，傾囊相授，非常難得的觀摩、吸收了大電力廠與輸配電網系統的實務知識，相較於抗戰前後 6 年他經手的電廠容量相比，TVA 水力發電系統發電容量是這些小電廠規模的千百倍！況且前者是非正規的，後者對專業電力工程人員來講，斯時全世界最富有、最現代化的美國，毫無保留的提供他吸收、學習，是一項深度專業又極珍貴的機會。為何是非正規？因那時候的實務知識傳授是師徒制的耳語、現場說明，而如外商「手冊」及「訓練教材」的嚴謹。3 年後，1945 年，日本戰敗投降，資委會要他儘速返國，協助國府接收東北日軍留下的各種電廠設備，就這樣，美國學習的階段告一段落，臨走時共打包了四、五箱的技術資料與書籍回去，對他日後協助台灣在極短時間內就恢復建置全島八成的電力系統，其來有自，功不

可沒。

　　本來，孫運璿是要跟著以煤礦專家張莘夫為首的接收團隊赴東北。然而，命運之神在臨上機一刻降臨，他接到一通長官電話，美國 J.G 懷特公司的一批電力技術專家剛到重慶，需要有人接待，剛好孫運璿也認識，就陰錯陽差的把這群專業人才轉進台灣，於民國 34 年 12 月抵達台北，到台電的前身，位於和平東路的「台灣電力株式會社」報到，自此展開他此後 20 年，在台電從機電處長、總工程司、協理升到總經理的歷程。

　　日本戰敗，盟軍領袖麥克阿瑟要日本所有軍民，三個月內撤回日本國土，也就是說，孫運璿前腳剛到，不到三個月三千多位台電日本技術團隊人力就強迫被遣走，留下來的是全島被美軍轟炸多年殘缺不全的電廠與電力輸配系統，日本專家並不看好孫運璿這批經驗及技術人才的能力，認為未來數年，台灣本島大多將處在黑暗中。

　　孫運璿等人非常不服氣，就去跟兩所有名的大專院校，台北工專（台北科大前身）、台南工專（成功大學前身）校長商量，要每校高年級派出數十人，由台電提供食宿及津貼，機電處同仁分成幾個功能組別，帶著他們上山下海，丈量、計算、拉線、裝配設備、做出零件等，僅僅五個月的時間，全島電力恢復八成，民國 38 年完全恢復到戰前的正常供電水準，日本專家們再次回到台灣後，看到這麼高的效率與技術能力，都大大的訝異！

　　20 年台電的職涯歷程，不只是讓孫運璿發揮抗戰時期與美國三年累積的專業知識，協助恢復台灣戰後百廢待舉急需的電力供

應（民眾生活需要及剛萌芽的民生工業動力）；功在全國，更讓孫運璿培養了寬厚誠摯的領導風格。多年南北奔波，跟底層工人、工程師朝夕相處，那種待人處事巨細靡遺的認真用心，一絲不苟、公私分明的態度，奠定了台電日後務實、認真、專業的企業文化。不管是體力、心性、團隊的磨練，都為他人生職場的第一階段，打下扎實的基礎，並讓後來一路提拔他的長官——蔣經國賞識，並放心的將兒子蔣孝武交給他，到台電去磨練。

筆者按：我的好友萬以寧兄提到，有次他到台北植物園旁的孫運璿紀念館參觀，其中有封信，引起他的注意，特別看了一下。故事是：時年 34 歲的孫運璿，當時工作是生活的全部重心，忙著為台灣全島電力復建工作到處奔走，即使新婚典禮在即，仍無暇顧及。他寫給未婚妻俞蕙萱女士的信中，大意是說：全島電力一日未復原，工業及治安一日受到影響，希望她體諒，一切婚事相關事宜，請她決定及籌備。這種全副心力擺在工作的這種使命感，讀之令人動容……

第二階段：勤奮廉潔又能幹的部長時期（1969-1978）

1967 年，在蔣經國強烈推薦下，老蔣總統任命孫運璿當交通部長，時值蔣經國擔任行政院長後致力台灣基礎建設的「十大建設」正如火如荼的在推動，其中有六項都跟交通部相關，蔣經國希望孫運璿能以建置成功全島電力系統的魄力與精神，將桃園國際機場、鐵路電氣化、第一高速公路、台中港、北迴鐵路、蘇澳港

這六項重大建設督導完成。

在十大建設之前，各部會如果推出針對台灣本土的基本建設方案，不是被譏笑自不量力，就是被懷疑把反攻大陸的理念給丟了，把重要資源、執政重點改擺在經營台灣。只有蔣經國以老蔣總統「接班人」的身分搖著建設大旗，那些黨國大老、萬年國代、立委才不敢批評或反對。也只有這樣，台灣的重大建設才得以次第展開，這對台灣 1980 年代後走向現代化國家，有舉足輕重的影響。

本來蔣院長的布局是讓孫運璿在交通部長這個位子上，做個三、五年，讓十大建設中的六大交通相關建設陸續完成，再安排下一個職位，沒想到剛接李國鼎經濟部長位子，不到半年，陶聲洋因犯癌症而逝世，剛做了一年又九個月交通部長的孫運璿，旋即接任當時所有部會中之重——經濟部長的重要任務。

台灣半導體產業的發展他功不可沒

孫運璿經濟部長的八年任內，除了推動各項經濟建設之外，他做了幾件事，對台灣的產業與科技影響深，包括：

‧1970 年成立「對外貿易發展協會」。

‧1972 年工研院成立。

‧1974-1976 年積體電路四年發展計畫登場。

台灣的整體半導體（俗稱積體電路產業）產業能有今天位居全球第二大的規模，甚至於晶圓代工產業領域領先全世界，市占率超過 6 成以上，正本清源，孫運璿與李國鼎是該產業從扎根、

萌芽、成長到壯大，30 年過程中，最居關鍵的兩位政府領導人。

話說 1965 年，也就是李國鼎當經濟部長時，首創全球第一個「加工出口區」的政策，吸引了包括荷商飛利浦、美商通用器材（GI）在高雄楠梓加工區分別成立飛利浦建元廠與高雄電子。主要加工的產品是低階的晶體（晶片）封裝工作，這是台灣開始培養半導體作業員與初級工程師的起始階段。

緊接著，孫運璿 1969 年接經濟部長，在 1974 年 2 月，他邀了行政院祕書長費驊及方賢齊、胡定華、潘文淵等人，在林森北路小欣豆漿店討論，決定要大力推動積體電路產業，同時推動幾件事。首先在工研院電子所成立「技術顧問委員會」，找了羅念无、凌宏璋等當時華人從事跟半導體產業相關最資深的七位專家擔任委員，並提供整體產業規劃發展的建議。第一次會議還是在潘文淵紐澤西州的家舉行，孫運璿特別從台灣飛到他家開會，議定未來的發展架構與步驟。其次，他們合力寫了一套如何與美國半導體公司技術合作，引進先進技術、培養人才的計畫，經過委員會的面試、審核與討論後，從二十幾家公司中選定與 RCA 合作。接著遴選了 20 位年輕電子人才，成為政府首批赴美學習積體電路產業實務的儲備專家，包括史欽泰、曹興誠、曾繁城、楊丁元、劉英達等，後來台灣半導體產業的翹楚，是政府有系統培養中高階人才的開始。

在這同時，李國鼎有鑑於電子、晶片技術對電腦、半導體、光電、精密機械等高端產業居關鍵零組件、半成品的重要供應鏈地位，因此與主導大學基礎研究的國家科學委員會合作，規劃四

年一期的「電子工業發展計畫」，並從 1976 年展開序幕，其中包含積體電路發展計畫。

隨後每四年一期的「積體電路發展計畫」一直到第四期，也就是 1992 年才終止。這個計畫有多項具體成就，包括：

扶植工研院電子所的成立、培養了晶圓製的第一批工程人力，促成了**聯華電子與台積電兩大晶圓代工廠第一所工廠的順利移轉運作**，讓市占率合計占全球晶片代工產能六成以上的兩大晶圓廠。在其成立的第一年，就立刻擁有晶片生產能力，大幅縮短營運建置的時間，對新創業者而言，具備很大優勢。是故，從上述計畫跨越十數年的實施觀之，它對台灣今天雄據全球晶圓代工產業基礎的奠定與人才的充裕供應，功不可沒，是當時極成功的一項科技發展策略。

由於孫運璿在經濟部長任內、對半導體產業的泛用性與重要性已有很深的認識，因此 1978 年他升任為行政院長後，更加支持李國鼎在包含半導體產業在內的重點科技的工作，兩個人在相關政策領域，可以說是伯樂與千里馬般的惺惺相惜。筆者 1982-1991 年在《工商時報》跑科技路線新聞時，親眼觀察行政院科技顧問會議，討論各項科技產業議題時，有好多次，孫院長靜靜的在會場一側聆聽李國鼎主持的科技會議，國內外科技專家聚集一堂，熱烈交換發展中的資電、半導體、網路通訊、生物等主題。孫運璿透過這樣的了解，讓李國鼎在行政院會提出相關科技具體方案議決前，已有相當認識，所以院會中能積極支持讓李國鼎提出來的科技相關方案或計畫能很順利地通過。

所以說，是台灣的國運昌隆，使得在 1976-1988 年（KT 這年正式退休轉爲總統府資政）那關鍵的 12 年有李國鼎、孫運璿（1984 年中風引退）兩人的合作無間，把政府有限的資源用在刀口上，全力推動重點科技，最後具體成就台灣三大科技產業。

推動「工業技術研究院的創立」

　　工業技術研究院簡稱工研院，是隸屬於經濟部的財團法人機構。1970 年代台灣以紡織爲主的輕工業剛崛起幾年，先進工業國家代表性的產業，如精密機械、航太、生物、化學、電子、電腦、半導體等，我們付之闕如。孫運璿有次到韓國訪問，看到南韓成立以應用技術爲主的工業研究院，大力推動先進產業，了解到如果我們不跟著成立相關單位，現代產業就會落後南韓一截。有鑑於此，他乃大力著手催生工研院的設立。

　　這個無中生有的機構，可以說是他在經濟部長任內阻力最大、推動時程最長、溝通最辛苦的專案之一。原因無它，因一開始孫運璿將工研院定位爲「財團法人」的屬性，意謂著這個機構雖然從成立到運作是由官方推動，並且每年要拿經濟部數十億的經費，卻不受立法院、監察院的監督，無需到立法院接受立法委員的質詢。並且，爲了吸引國外有工業或研究多年經驗、高學歷的人才回來服務，需要一套能與跨國公司競爭的特別薪資待遇，是故，從院長到一級級主管的待遇都高於台灣當時部長級薪水的一倍，或更高。看在權力高高在上，薪資都還落後這些海外人才的立委諸公眼裡，當然不是滋味。

因此，孫運璿自民國 58 年提出構想，到民國 61 年將「工研院設置條例」送進立院審查，一讀、二讀到三讀通過，除了對內與政院、主計審計單位溝通外，還得一個個拜訪、說服眾多（三分之一）立法委員，最後被稱為「工研院之父」眞是名至實歸。想想看，1973 年當時部長月薪才到 3、4 萬元，工研院所長級年薪已逼近百萬，院長更是在這之上，羨煞多少官員學者。我們把時間拉進到 1986 年，當時的部長薪資已升到年薪一、二百萬水準，然而，張忠謀被禮聘回來的職稱「工研院院長」，薪資卻有近三、四百萬元上下，夠高嗎？是的，以台灣薪資環境眞的是相當禮遇了。但卻跟 Morris（張忠謀英文名字簡稱）上一個工作——美商通用器材總裁年薪 24 萬美元，換算當時匯率，相當於台幣 800、900 萬元年薪，還差近兩倍。也難怪，剛開始李國鼎大力說服張忠謀先生回台灣接任工研院長時，他會遲疑，畢竟薪資落差太大了。

「新竹科學園區」的成立

　　新竹科學園區是台灣邁向技術密集方向的開始，其實 1980 年正式成立時，為了讓過去二十幾年勞力密集的民生工業，升級為技術密集的產業，已經當上行政院長的孫運璿與主導科技的李國鼎，兩人聯手催生了這樣的科學園區，既然是技術密集，那就要鼓勵相關產業重視研究發展，也就是所謂「研發」。因此，國內這第一所園區進駐核准的重點之一就在於這家企業有否研發單位（R&D）？有否高比重的研發經費？有多少研發人才？

更重要的是，進駐的廠家不能把園區當做生產工廠，而要以研發為重點。以今天 2022 年來看，這個要求合情合理，是台灣邁向技術更上層樓的策略，看看這兩年的台南科學園區，全球最大的半導體產業材料、設備、製程等跨國公司如艾斯摩爾、應用材料、法國液空等知名大廠都在本國以外，優先在此設立研發中心，是我們主管科學園區的科技部要求的嗎？當然不是！而是全球最大的半導體晶圓製造廠台積電把最先進的 5 奈米、3 奈米、12 吋大晶圓廠設在南科這裡，短中長期它的採購金額橫冠全球，為了要接近大客戶，這些跨國大企業趕緊要在這裡設研發中心。

然而，回頭看看 1980 年的工業背景，台灣成長最迅速、規模逐漸擴大的宏碁，也不過才從初級的家用電腦——小教授二號，開始投入個人電腦的研發，即使這樣排名於前的電腦公司研發費用仍然少得可憐，更遑論其他傳統產業中大型廠商，編列有研發部門，投資上百位以上專責研發人員的公司簡直寥寥無幾。所以，當初設立有別於一般工業區不同的所謂「科學園區」，設定了嚴格的條件，藉以吸引國內外企業來設立研發中心，卻是緣木求魚、曲高和寡。跨國大企業看不上眼，不會來；本國企業要嘛幫知名國外品牌代工，要嘛忙著仿製大牌產品的功能，沒有足夠連續數年的高毛利，「自主研發」談何容易？

雖然設立宗旨目標相當有理想性，卻與現實不符，這是筆者跑科技新聞時，1983 年在新竹科學園區看到只有一、二十家中小型廠商或創業團隊進駐的原因。印象中，當時較有規模的公司只有聯華電子一家，像全友、東訊、台揚以及三家 IC 設計團隊國

善、茂矽、華智等新設公司規模都還很小。

在上述情況下，主其事者在園區成立第二年，不得不讓步，讓以生產爲重心的資電廠商也進駐設廠，宏碁、神達、聯電、東訊、全友等以生產爲重心，研發爲次的第一批廠商得以進駐。宏碁初期申請工廠不過二千多坪，後來拿到 IBM、康貝克等美國大廠 OEM 代工訂單，越做越大，在竹科園區工廠的規模不斷擴大，二廠、三廠跟著建立，最高時用到竹科一萬多坪土地。2000 年起，大陸土地勞力成本只有台灣的五分之一不到，於是乎，技術密集也是勞力密集的個人電腦大廠才又將工廠移到廣東中山、深圳一帶。跟著第二波的光電面板產業，如友達、群創等開始進來園區，取代電腦廠商在竹科興起另一股產業風潮。

第三階段：行政院長時期（1978-1984）

作爲首善之都的台北市，從 1949 年蔣介石國府遷都台灣，前 25 年都是在臥薪嚐膽、風雨飄搖的階段，一心一意要反攻大陸，國庫稍有寬餘，都優先用於國軍武器裝備的購置。相對的，如果投入台灣本土的基礎建設，還會被監督施政的老立委、國大代表批評，說是忘了反攻大陸的重責大任，這就是爲什麼孫運璿擔任交通部長前後任歷程十多年，台北捷運規劃遲遲未能定案，一直到蔣經國接行政院長，才有聚焦於建設台灣的十大建設，緊接著，就是孫運璿當行政院長後，致力於推動大台北地區的三大現代化投資。

走入現代化，並不在於馬路的修整或大樓的興建，孫運璿擔任行政院長之始，全力以赴的這三項重大工程，決定了作為百年發展基石的首善之都，是否邁向現代化的關鍵。那就是：**地下鐵、北部防洪計畫及翡翠水庫三大建設**。30 年過去了，如今我們這一代住在北台灣的人們，享受潔淨的自來水、方便的捷運、以及颱風季節來臨時，免於被洪水淹沒的危機，怎能體會當初他必須排除萬難，從內而外上下溝通；協調部會市府及編列龐大運算；規劃、執行、監造、驗收到維修，都要周密思考、劍及履及的執行效率與辛苦？在孫運璿的督導下，逐一實施完成，讓數百萬大台北地區市民，生活在快速便捷的地鐵網路中，不用再擔心夏季風颱水患，每天可以喝到乾淨的水、洗澡、洗衣無虞，所以說，台北的現代化，孫運璿實在功不可沒！

2022 年，台灣三大科技產業：個人電腦、半導體及電子通訊，預計會突破三千億美元的空前外銷產值實績，這三大產業的成功，除了源自於 40 年前李國鼎的卓越領導外，孫運璿是這個過程中，對 KT 決策幫助最大的一股重要力量，筆者在採訪科技的前幾年，觀察李國鼎主導的重要科技方案，很少被孫院長打回票，使得 KT 推動科技計畫的 12 年執行順暢，事半而功倍，因此，三大科技產業能有今日具體的規模與成就，肯定是孫運璿擔任行政院院長的另一重大貢獻！

孫運璿在行政院長及經濟部長任內，奉行「三不」──不應酬、不題字、不送花籃。企業老闆請吃飯，他會請對方：「有話到辦公室談」，勤儉廉潔是他一生自然的習性，他在植物園後的日

式宿舍家具都用二十幾年，生活非常簡樸，儘管擔任行政最高首長多年，手握各種行政決策權力，卻從未傳出他家人或個人濫用權力徇私的事件。

1984 年，也就是民國 73 年 5 月，孫運璿因為嚴重中風導致行動不便，在台北榮總躺了兩個多月，中間蔣經國總統親自前往探視多次，他個人確認短期內無法回復身體狀況，再度主持院長任務，因此在台北榮總臥床時刻，向蔣經國提出辭呈，5 月 15 日，當天的《中國時報》以這樣的一幅對聯當作報頭標題，詮釋孫運璿一生為國為民的寫照：**「曲終人未散，幾行回憶具見擇善固執；雪泥留鴻爪，多少往事蘊含公忠體國。」** 深刻而真實的反映他職場一輩子，對台灣這塊土地的完整付出。

2.3 石滋宜替台灣工商業脫胎換骨

石滋宜80年代的三大運動，風起雲湧產業換貌

台灣由農轉工，又在全球科技產業立下舉世羨目的輝煌成就，發展過程中，有太多歷史的偶然，像尹仲容原來學電機工程，卻是國府遷台後成為規劃工業發展的第一人；李國鼎是學物理的，卻在做了10多年工程及造船工作後，偶然間卻替寶島台灣開創了多元工業的領域；孫運璿算是學以致用，把他在哈爾濱大學電力專長用在專業，重心擺在重建台灣電力系統，一做就是20幾年，讓台灣二戰後全島電力得以迅速恢復，然而，後半生卻負起推動政策的行政大責。

70年工業從頭到尾歷程，前30年都是無中生有的新創階段，不管是早期提倡第一次進口替代的民生輕工業、加工出口區或到電子工業初階，坦白說，這之前的工業重心就是各種產品的加工生產、組裝製造而已；重工業（鋼鐵、石化）發展的初期亦然，對工業工程（IE）核心的品質、自動化、生產力的系統性概念，畢竟著墨不多。一直到自動化服務團的出現，將這些問題全面掀開來，大家才開始正視它們的重要性，適時的注意與檢討，

而促成這個改變的潤滑劑就是石滋宜博士。

同樣歷史的偶然，受到當時經濟部長趙耀東鄉土大義的感召下，回到台灣投入工業改造的石滋宜，當時回台之初，根本沒想到會對台灣 1980 年代工商業品質內涵，產生如此深遠又廣泛的影響，我們來回顧這段歷史如何發生。

他，名叫石滋宜，親近的部屬私下暱稱他：「**石頭**」，出生於南投竹山，是道道地地土生土長的台灣人，放在本書幾位人物當中，與李國鼎、孫運璿對台灣整體經濟、產業發展貢獻不同的是，他是台灣 70 年工業化過程中，從中期發展紡織、機械、電子輕工業翻轉到高品質工業的關鍵人物。

石滋宜從 1982 年起擔任經濟部顧問，1983-1997 年 15 年當中，得到行政最高首長孫運璿、前後三任經濟部長李國鼎、趙耀東、徐立德一致的強力支持，轟轟烈烈的掀起全國工商業的全面改造運動，讓數十萬大中小企業從老闆、中高階主管到基層工程師、工人，從觀念改變起，透過自動化服務團，生產力中心，號召了資策會、工研院、中衛中心、金屬工業發展中心等經濟部財團法人的分工合作，用行動走向產銷合理化、標準化、高品質、自動化的方向。石頭親自帶領數百多位技術工程師、管理師深入五、六千家工廠的生產線，提出各種改善提案，全面提升生產力運動、舉辦全國品質運動，讓台灣各個主流或次級產業脫胎換骨，朝向高品質、精密技術的方向發展。1990 年代崛起的中國大陸製造業，儘管到 2010 年後，成為世界製造中心，到了 2022 年代的今天，卻在紡織成衣、工具機、汽車零組件或在電子、電腦供應

鏈中高階產品方面，仍然落後於台灣，主要原因，就在於未經過這三大運動的洗禮。

石滋宜雖然生長於台灣，卻是青年時期就到國外讀書，他在日本東京大學從大學部念到博士生。7 年的時間，除了深入了解日本人那種窮究真理、解決問題的根性外，又以 15 年的時間，在中大型企業如GE 等從基礎做起，研究西方企業文化，發揮他洞察、分析問題的本領，在不同的工作崗位上有許多創新、優秀的表現，使得每一階段的主管，對他的能力都刮目相看，不斷提升他的職位。不到 40 歲就當到當時跨國企業排名於前，比起 IBM、HP、微軟都規模大多了的奇異電氣（GE）核能電廠技術系統整廠輸出的高階主管，年薪數十萬美元。然而，他卻在壯年之際，放棄人人羨目，極為優渥的待遇，回到台灣，貢獻台灣產業與社會，打拼 40 年一直到鞠躬盡瘁，2021 年逝世於他貢獻半生的鄉土，改變了台灣工業的面貌，也改變了他的命運。

台灣工業化 70 年當中，石滋宜之所以占有一席之地，就是因為他把人生最具生產力與創造力的 15 年，用於引領三大運動，改變了台灣的工業體質，使得台灣至今有多項產業無論生產技術、產值或產量都世界第一，其製造中心仍然立足台灣並以出口為主的工廠，產品都屬於中高階水平，是大陸本地大製造工廠群一直難以模仿的標的。這些成果，石頭，以及他帶領的團隊，就是立下汗馬功勞的核心動力！

石頭本人是個巨大的知識吸石機，從年輕開始，他就養成使用日文、英文、中文大量閱讀的習慣，日本出版媒體非常發達，對

政治、財經、產業、生產管理、科學創新的報導相當廣泛深入，歐美的專業媒體對科技、工程、趨勢的分析質量也並重，這樣的吸收，讓石頭的觀念、想法與時並進，不會受到偏狹的意識侷限。除了在日本、加拿大工作 20 年累積的經驗與功力外，他每天還閱讀各種科技、財經、管理書籍雜誌，隨時激發他創新思考，消化後並成為能量庫的一部分，難怪在他的字典裡沒有「困難」兩個字，人家問他的核心能力是什麼？他回答：「學習。」

因此，當行政首長委託他執行各個階段政策任務時，他都能使命必達，也因此，在他負責並領導的團隊，進行產業改造的 15 年中，「工業自動化」、「全國品質運動」、「全國生產力運動」成了台灣工業脫胎換骨的三大主軸，三大計畫的推動不只改變了企業「產銷人發財」的每一個層面，也讓企業主從單純的黑手製造或技術導向的思維，轉變為重視研發、業務、物流、財務、生產各個領域的品質與生產力，發揮企業整體、系統性的戰力。

要知道，1982 年到 1997 年期間，台灣工商業面臨石油危機及世界通貨膨脹的各種巨大挑戰，新台幣對美元匯率劇烈升值，大型製造業因為參與三大運動體質的改變，生產力的巨幅提升，而挺住了營運；中小企業也因從工人底層到老闆都投入改造，生產系統內外都有很大的改變，繼續成為台灣工業的中堅支柱，這項特質，即使在亞洲四小龍當中也是個異數，受到眾多國家製造業的欽羨。

觀察 1970-1990 年這 20 年間，日本的工業無論是汽車、造船、鋼鐵、家電、電子精密、半導體、精密機械、紡織，都一一

打敗了美國、歐洲大廠，成為全球工業品質與技術的領先者，石頭因為畢業自日本最好的大學——東京大學博士生，備受日本人的尊重，他蓄積的人脈、跨國企業管理經驗，加上他的宏觀與格局，使日本知名企業或技術碩彥願意幫助他，與他合作，才能引領當時最先進的生產管理或製造技術觀念進入台灣。在這些日本相關大企業或專家泰斗的協助訓練下，自動化服務團及 CPC 的幹部、顧問群全面吸收了：「自動換模技術」、「沖壓技術」、「汽車板金」、「馬達組裝自動化技術」、「精實生產」（Lean Production System），還有豐田有名的 JIT（Just In Time）系統等，當時是世界最優秀的生產、管理技術，引進給全台灣的產業界。

透過講習、研討會或赴日歐現場考察團等活動形式，讓企業老闆幹部工程師充分了解並吸收，然後用於自家生產系統的改善。這十幾年當中，輔導台灣數千上萬家中大型企業、數十萬產業人力，普及台灣各主要產業領域，讓他們脫胎換骨，資深員工分出去創業的小企業，也因具備相關技術與管理觀念，成長更為迅速穩固。更重要的是，這些工廠幹部與生產線工程師，因此而養成了長期吸收優秀技術、經營知識、不斷精進的工作習慣，數十年功力累積，形成了今日台灣排名的前十大產業，具備世界一流製造競爭力的本事。回想起來，1983 年石頭的回台，銜接了日台兩地工業這座橋樑，帶領這群專家，讓日本一流的生產技術、管理系統源源湧入本地，讓台灣的工商業進行全面質與量的銳變，可真是台灣工業化中期，非常關鍵的改變呢。

石滋宜（左3）團隊與工業局副局長沈榮津（右3，現為行政院副院長）合影。

1980 年代初，三大運動的衝擊改善，大幅提升了台灣企業的規模，進入技術密集製造工序，配合 90 年代末的生產西進趨勢，得以善用大陸廣大又低成本的人力、土地，相輔相成之下，一躍成為該產品世界製造之最，營收數字短短十幾年內，破千億台幣水準，與駐守台灣有限面積的工業區或人力相比擬，成長相差數十甚至上百倍！

對於中小企業而言，凡搭上這三大運動列車的工廠老闆員工，從中學習精緻化生產，讓工廠的生產活動與工業管理緊密結合，從物料進廠、組裝生產到成品出廠的過程，每個生產步驟合乎國際標準，產品禁得起國外客戶的檢驗與要求，配合少量多樣的特性，從紅海中找到自己產品的定位，規模雖然不是做到巨大，卻能做到該行業的隱形冠軍或掌握利基市場。

這裡就按石頭主導的時間序，來詳述三大運動的魔力。

自動化服務團帶動了什麼？

1983 年初，一群平均年齡三十幾歲的年輕人在人稱爲「石頭」的率領下，進駐台北市福州街的經濟部大樓，「自動化服務團」於焉成立，到 1985 年底完全併入中國生產力中心（簡稱 CPC）爲止，短短不到三年的時間，創造了多項紀錄：

- 第一個直通部長，工作團隊就設在經濟部大樓的臨時編制單位。
- 採用機動編組方式，招募各領域好手，爲推廣工業生產活動而運作。
- 團員由上到下，待遇非按照政府機關級別的待遇，並且，經費的編制與運用，也很具彈性，一切以任務爲導向。

「工業自動化」在 1980 年代，被不了解任務內容的一些人譏爲好高騖遠的行動，他們的理由是，台灣當時的工業，中小型工廠大都以代工或半成品製造爲主，能把產品做出來，交到客戶手裡是第一要務，什麼品質、良率、精準交貨等，只要客戶沒有太大抱怨，就可以交差了。什麼工業管理、全面品管等等，對大多數生產工廠來說，要嘛一知半解，要嘛聽都沒聽過。大一點的企業雖然生產系統比較上軌道，也開始有品質管制的觀念，可是實務做法仍不完整，原因無他，就是欠缺大量有經驗的 IE 專業人才。

原來在工研院電子所做機器人自動控制系統研究的吳清忠，後來被石博士邀請進入自動化服務團，對當時服務團帶來的功能時提到，石博士進來對台灣最大的影響，就是把工業工程的概念

帶進工業界，工業工程幫助做好自動化前置作業——將生產系統加以整合。在這之前，你所有的東西，自動化的設備，根本沒有辦法 apply（適應）到生產系統裡面去，所以石博士做這件事情的時機剛剛好。因為前面已經有一些基礎了，他一進來，馬上有一些東西可以用，當時電子業的自動化已有基礎，引進了各式各樣的設備進來，像自動插件系統（SMT）等，然後台灣就開始去發展這些東西。所以在那個時候，剛剛好就是石博士進來，他協助解決了一個台灣工業裡面最大的一個瓶頸，就是系統整合，系統觀念開始進入生產線的設計、規劃。從自動化服務團啟動之後，全台灣所有的工廠，逐步引進工業工程，教科書裡面的角色，開始在台灣工業界出現了。工業工程不再是一個打雜的角色，對台灣工業的影響非常非常大，那個時候起，一直到今天的所有生產線，這些規劃都見到工業工程的影子。生產系統效率不斷的提升，一直進步、一直進步，到今天高品質、高精準度的世界水準。

事實上，當初石頭對自動化服務團的工作，任務很清楚，分三個階段，先從合理化、標準化做起才進入自動化，如果工廠系統從進料、檢驗、倉儲到放到生產線上組裝、生產流程到完成等沒有合理化的概念，那麼工廠雜亂無章，生產效率就受到影響，品質也難以提高，無形的成本不斷的墊高，工廠如何能有合理、良好的利潤？所以當初服務團分成許多組別去到現場輔導的過程中，有 65% 的工作量都是優先推動合理化的工作。

什麼是合理化？石博士這樣解釋：「以現有的工廠環境、產品及人員性質，做一適當的調度，尋求最正確的方向，以達到最

大的生產效益。」時爲自動化服務團副團長的沈德盛，就舉當時輔導的大通籐業公司爲例，這家中型企業生意很好，一廠生產中高價位的櫥櫃及餐桌椅，二廠專門生產大眾化的鋼管組合式籐椅，都以外銷爲主，銷往美加地區，每天都在趕工。可是第一次訪問時，如同其他木器工廠一般，尖銳的機械吵雜聲充斥，木屑處處飛揚，半成品堆滿走道，占據空間，給人一片凌亂、無秩序的景象。服務團戡查後，在不增添生產機器爲前提下，以工廠布置重新規劃的方式進行整頓。他們的副廠長劉茂興回憶，工廠整個重新布置，眞是牽一髮而動全身，當時感覺很麻煩，也懷疑其必要性。但是兩個月後，效果立即出來，一廠的材料庫存費用由每月新台幣 2200 萬元降至 800 萬元，二廠也從 400 萬元降到 200 萬元。成品生產方面，以標準椅來說，由 3000 件提高到 4000 件，產能增加 32%，二廠的鋼管籐椅也由 700 件提升到 1200 件，提升了70%。

再舉個例子，做口紅的美都公司是標準的中小企業，資本2000 萬元，它的「多節式口紅」在服務團從生產流程的改善下，只多花了 500 元，加個滑槽，改採「多色多節口紅」，先將單節口紅放在小盒子裡，透過輸送帶交給第二站串套成不同色的二節口紅，一共經過五站，第六位取出成品，透過滑槽口紅入套容易對準，不傷品質，又加快處理速度，更解決了各站之間漫長輸送距離的問題。實體績效呢？人工從 9 個人減爲 7 個人，每天的產量卻從 225 打增至 885 打，生產效益高達 2.8 倍！每年節省的金額達 136 萬元，對一家中小企業而言就是筆豐厚的利潤。

服務團就是這樣每天多組實地訪察工廠,花兩年多的時間遍訪近三千家廠商,高達六成以上透過現場的觀察、分析、研究,從生產步驟或方法上改善具體問題;有了績效後,再經過北中南的數百場演講、研討會或訓練課程,將這些具體改善個案公開說明,讓參加的中小企業老闆、幹部收到舉一反三的效果。數十萬人的參與,幫為數眾多的中小企業興起了生產改善運動,這就是自動化服務團對台灣工業開的第一槍改革,帶來的第一階段龐大的影響。

　　當然,在自動化方面,從半成品的組裝,生產設備諸多方面,服務團也帶動了示範,負責「生產自動化」組的沈德盛就是該組的組長。他還記得,剛成立的第二個月,因為趙耀東希望短期內能有成果,石博士跟團員壓力很大,所以大家聚集討論了幾次如何可以產生先期示範效果。後來他跟團隊試做了一台自動化製程相關的原型機,放在經濟部的地下室,幾次修改後,提供外間觀摩試用,漸漸產生應用的擴大效應。

　　其實,服務團起步的 1980 年代,距離加工出口區的開設,已過了 17、18 年的時間,台灣的工業活力已大大開放,從北到南有數萬家工廠散布各縣市鄉鎮,善於動腦筋的年輕老闆們從當組裝技術工人開始學習,逐一了解進料採購、物流、組裝、目測檢驗、出口報關、會計簿記等所謂的「產銷人發財」的基本功,邊做邊學,遇到願意傳授的專業對象,就會讓自己的功力逐漸增強,但是學習不好的部分,或用錯既不專業又不敬業的員工,就有可能營運上出現問題,如果不及時改善這些問題,日積月累下來,就

成了企業營運的大窟窿，甚至於關門大吉。

然而，生產系統的合理化與標準化是西方發展出來的管理科學，很難像前述產銷財邊做邊累積經驗的學習而無師自通。這時候如果有像自動化服務團，這樣一群不同的生產管理專業人士，親臨現場輔導，那麼對這些中小型工廠老闆、幹部無疑是場「及時雨」，可立刻改善許多生產系統的瓶頸，整體提升生產效率是必然可預期的結果。

可是，如果我們把鏡頭轉移到國外，自由經濟市場在許多新興國家實驗，除了跨國企業去當地設廠，借用廉價的土地、勞力、租稅成本外，很少有本土企業到處開工廠、自主奔放的現象，為什麼？因為本書一再強調的主軸，我們有一群無私、充滿使命感的技術官僚，他們運用美援以及層峰的授權信任，積極鼓動民間開發工業。二戰後，很少有國家地區像台灣這樣，一台工作母機就可以掛牌當老闆，幫人加工做小零件，工業產品從模具設計、製作、射出成形到各種產品的組裝都有，不斷有眾多的中小企業工廠投入，供應鏈逐漸成形。以台灣主力產業之一的機械工業為例，工作母機、汽車零組件、自行車、機車、五金工具等等，哪一個次級產業，數十年下來不自己形成一個龐大緊密的供應鏈？紡織、石化工業也一樣，他們相輔相成，各自有數千上萬的上中下游工廠穿梭其中，彼此唇齒相依，各自分工。並且，與中國大陸供應鏈最大不同的是，台灣的供應鏈上下游之間，不論是技術、財務往來、產銷約定，靠的是多年培養的默契與誠信關係，使得合作的效率與責任的分擔，自成一種強有力的供應鏈文化，是台灣

十幾項傲視全球主力產業，能發展到上百項產品成為世界第一的原因。

　　美國奇異（GE）的前執行長威爾許從 1980 年代起，展開有名的奇異黃金 20 年，2001 年他交棒給伊梅特時奇異的市值高達 4867 億美元，全球前十大市值公司，它的「六個標準差」更是被工業管理奉為品質管理聖經。筆者印象中，張忠謀董事長、石博士都非常推許威爾許的經營領導。所謂的「六個標準差」或稱六西格瑪，它的核心思想於 1970 年代源自於美商摩托羅拉，因為它的高級主管 Art Sundry 批評摩托羅拉的生產品質太差，公司高層發現了提高品質與降低生產成本之間的關係。當時的看法是提高品質必然會增加成本，實際上，提高品質反而降低了整體總成本，主要是同時降低了維修和操控的成本。後來摩托羅拉的工程師比爾・史密斯經過一段時間的系列研究分析後，於 1986 年制定了六西格瑪，這個六個標準差其實深受之前流行幾十年的多種品質提升方法的影響，包括品質控制、全面品質管理（TQM）和零缺陷法。根據前輩專家們的理論，例如：修哈特、戴明、朱蘭、克勞士比、石川馨、田口玄一的方法，於是有了六西格瑪。

　　六西格瑪的基本要點包括：

・持續改進，穩定和預測性地提高工作流程結果，對於商業營運成功非常重要。

・生產活動和商業流程可以透過測量、分析、提高和控制進行改善。

・持續的品質改善與提升需要整個組織、特別是領導者的全

面參與，這樣的觀念與做法，廣泛的引進台灣產業鏈。

全國生產力運動

1955 年成立的中國生產力中心過了 29 個年頭，到 1984 年之前，亞洲各國的生產力中心，如新加坡、南韓、香港如火如荼的展開各項生產力運動。台灣的 CPC 在前十幾年的活動後，卻是一片沉寂之聲，組織提早進入老化。經濟部長徐立德有鑑於此，要新接任的總經理石滋宜大力改革，其前任總經理王士杰甚至於沒全部辦好交接，就飛到美國去了，這就是石頭接任時 CPC 的狀態。

跟亞洲多個國家一樣，台灣的 CPC 與亞洲生產力組織（APO）有相當密切的連結關係，台灣以「中國生產力中心」名義加入，是創始會員國之一，近年並輪值當常任理事，現今它仍然非常活躍，還有 20 個國家參與運作。

徐立德希望 CPC 在很快的時間內，發揮這個內外功能，石頭秉持這個期許，以他的個性當然不顧官位銳意革新，一開始他就面臨「四君子」的老勢力，這四位仁兄的人脈都上達天聽，有的源自蔣家內戚，有的跟前任行政院長有部屬淵源，如果推到 6、70 年代那種凡事都講背景、講關係的時代，還沒動到他們，主官可能就先陣亡了。好在這個時候已是 80 年代，蔣經國總統本人不講裙帶關係，而他又信任並授權這群財經技術官僚，所以在「朝中有人」俞國華院長、徐立德部長的支持下，石頭才能放手改革CPC，除了建立「績效導向」的運作精神外，並將自動化服務團的

120 幾位身經各種生產力輔導經驗的團員們，與 CPC 原有的員工成功的完成合併。

先對內組織改革，再對外推動運動，自 1984 年起的「全國生產力運動」就在兩個單位從分到合的過程中，擔負起所謂提升「生產力」（Productivity）的任務。簡單一句話，生產力就是工廠的每位員工平均貢獻的營業收入，舉例而言，某家工廠生產工具母機，前一年全廠上下 100 位員工做了 5 千萬元的生意，每個人的生產力就是 50 萬元，而因為改善生產系統的效能與效率，客戶下更多的訂單，次年營收增為 7 千 7 百萬元，員工也增到 110 人，這一年的生產力就來到每位員工創造 70 萬元的營收，因此，比較前一年，這家公司的生產力就提高了，（70－50）÷50＝40%。可見，一家工廠在合理化、標準化後，生產系統使用的人力更少，產量卻更多，這就是生產力的提升。台灣大中小企業面臨 70 年代及 1990 年的三次石油危機，台幣對美元匯率從最高的 40：1 不斷升值到最低時候的 25：1，匯差超過 35%以上，企業的稅前利潤能有二成以上不到一、二成，整體多數能安然度過，靠的就是這三大生產改善運動，尤其是不斷精進的員工生產力，讓以外銷為導向的台灣中大企業不至於被擊敗。

後來接任 CPC 總經理的萬以寧，還記得當初發起全國生產力運動，在台北的中正紀念堂廣場。由副總統李登輝主持點火儀式發起的誓師大會，現場除了輔導的單位外，還有來自全國各個產業的數萬工廠人士，擠滿了整個廣場。這種非政治或民運的活動，能吸引這麼多的業界人士參加，可見大家對提升工商業、各

機關生產力的熱切期望。

「**財團法人中國生產力中心**」成立至今超過 66 年，在石頭帶領團隊的那 13 年發光發熱，聚焦最多的專業人才，並且絕大多數的同仁具備的使命感，那種積極奮發無私的表現，在該中心幾乎也是空前表現的一段期間。當年被他帶領的幹部，後來多位都在台灣，甚至中國大陸生產管理領域成一方之霸，回想起來，「那段歲月打過美好的一仗」，團員個個都是如此感想。甚至於，李國鼎晚年在檢討經濟部成立的許多的財團法人時，曾拿中國生產力中心做爲改革成功的例子。在石頭 1984 年底正式接任總經理以前，該中心失去活力及主要功能已有一段很長的時間，之前的三任總經理被部長委以改革重任，都無所獲，結果在石滋宜的手中完成了這項改革，才有後來生產力中心對台灣工業三大運動的推動，改變了台灣工商業的全面品質。

全國品質運動

1988 年開始的「全國品質運動」（以下簡稱品質運動）就像石博士左右手萬以寧形容的，是一場「寧靜革命」，悄悄地改變了工商業、政府機關的內在職能，經過前後十年從觀念到行動的能力逐漸提升影響，才能應付 20 世紀末全球化開始的許多巨大挑戰。

首先，石博士整頓後的 CPC 行動團隊形成，這些已有各種 IE 工程經驗的專家群分組開始引導北中南的各產業工廠的老闆或

中高階主管，從觀念改變起，為了接軌當時美日最先進優秀的生產管理與技術，石頭會運用他在日本的重要人脈，讓自動化服務團、生產力中心的顧問、幹部直接越洋考察訪問交流。筆者有次就隨同他們幾位專業主管採訪日本最有名的工具母機（Machine Center）控制器領導廠商發那科（Fanuc）創辦人稻葉清右衛門，了解所謂的 Machine Center 的控制器如何運作，發那科如今是全球最大、最專業的工具母機控制器領導者，他們近年還把大數據加人工智慧的概念，融入工具母機各種刀具、加工方法、參數的解決方案中，使得它歷年來賣到全世界，安裝在每部工具母機的所有運作變換刀具、加工紀錄參數都可以追蹤分析，發揮每部工具母機的最佳運作績效，又可回饋母廠作為下一代控制器軟硬體修正創新的依據，這樣的隱形冠軍永遠保持它在這個產業的競爭力。

每年的全國品質月，陸陸續續在北中南展開，舉辦數百場的演講活動、研討會、優秀個案展覽，把台灣全島朝野的上上下下攪動起來，不只是工業製造，商業服務包括所有的行政機關都參與其中，齊心推動。這樣的前後十年，讓品質的觀念深入全民心中，整個工業界的多數脫胎換骨，使得許多中小企業扎下基根、倍數成長，而大型企業如鴻海、宏碁、三陽、東元、裕隆、台積電等更加速壯大規模，成為跨國企業。

後來擔任生產力中心副總的李傳政，他回憶當初參與這項轟轟烈烈的行動：「有一天突然潘祕書通知我，石博士找我。博士對我說，想建立一個品質菁英團隊來推動國家品質運動，能夠多

一些協助台灣企業，又專業又熱情的年輕同仁，問我要不要接這個工作。要多少人、做什麼內容，都由我決定。我們將一切規劃好，準備跟博士報告，他說不用，我相信你們專業的規劃，只要注意幾個重點⋯⋯。」接著 CPC 的品質組群就這樣成立了，後來招了 5、60 人，這群人到全國各企業推廣輔導，每周至少輔導兩次。工作結束都要回來開品質研究會，且每月有內部發表會、每季有企業發表會，後來增加到每年有對全國的品質發表會（這些年輕人後來多數成為國內非常優秀的品質講師與顧問）。當時不斷引進對國內企業有用的全面品質管理（TQM）與品質技術，並整合成企業可具體實施之方法與步驟，從意識推廣、教育訓練及輔導推動來協助國內企業。

　　訓練部分影響最大的就是策劃全面品質顧問師班，培育逾250 名顧問師，結訓後返回公司推展品質活動，以推動國內企業之品質（至今還碰到多位已成為經營主管或品質高層主管散布在鴻海、台積電、宏碁、工研院、陽明海運、三陽工業、南亞等）。台灣企業適宜應用之產品開發的田口品質工程（TM）、品質機能（QFD）、提升製造品質的全面生產保全（TPM）、提升經營管理品質的全面品質管理（TQM）、策略方針管理（MBP）、流程管理（BPM）與問題分析與解決程序（PSP）等等品質技術也寫成手冊，已有近千個企業採用。除輔導各企業外，並培訓約有 23,000人以上，後來也成立醫療品質組，到北中南各大醫院推廣輔導醫療品質的重要性，也協助政府成立行政革新服務團提升行政服務品質。

在推動當時，博士特別提醒 CPC 同仁注重品質的文化，調來了企業文化的同仁協助，於是就成立了品質意識組，於民國 77 年起開始推動國家品質月，不斷宣導全面品質管理，整體提升企業人的品質意識。博士也協助他們邀請到李登輝總統參與誓師，表明政府的決心；邀請到全球知名品質大師 Mr. Crosby 對政府首長與企業家宣導品質；也邀請到田口品質工程創始者田口玄一與品質機能展開創始者赤尾洋二對台灣企業進行輔導。於民國 79 年又推動「品質優良案例獎」，約 500 個案例參加，計 42 個案例得獎，國內多家公司均以案例獎為獲取國家品質獎之里程碑，每年並以案例精華輯讓其他企業能夠分享，也同時協助中衛中心成立國家品質獎。《天下雜誌》也合作推動「天下雜誌品質年」，推動提升主管與編輯之管理與品質意識，連帶增加影響久遠之擴散效益。

期間，幾項品質運動的重要工作較具體的有三項：

1. 當時的行政革新方案，行政工作品質改善是重點之一，不是只有產業界才需要，包括政府部門、學術研究機構、民間團體，通通透過這項運動，來提升組織工作內涵的效向與精準度。因此當時的省政府主席宋楚瑜，也委託石博士輔導省府團隊；同一時期，宜蘭縣長游錫堃也與 CPC 合作，CPC 派出能幹的專案經理楊淑美帶領下，把宜蘭縣各級局處部門同仁動員起來，推展行政革新，那些年，全國各部會積極投入了行政品質提升運動。

2. **企業品質運動先行**，找 10 家標竿企業，包括鴻海、宏碁、三陽、中華汽車——裕隆等已在品質改善方面做出成效者，作為

示範企業，開放給全國產業界觀摩。

3. **設置「品質案例獎」**，日本品質專家赤尾洋二因台灣將他的品質改善理念推廣到各產業工廠，所以他逝世後，其妻拿 200 萬日圓給 CPC，感謝推動，贈獎給績效好的廠商。

石博士了解，光靠專業團隊的輔導與訪問，能達到的就是「多點」到「線」的效果，要短時間讓團隊的功能、成效，廣為全國企業人人盡皆知，就要藉著三種媒體的交互運用。優先當然善用報紙、雜誌、電台、電視台，當時最被大眾接觸的四大媒體的力量，讓它們廣為傳播並報導，達到事半功倍的廣大效果。自動化服務團兩年馬不停蹄的行動，透過個案、活生生的描述，或是將一連串的成果，拍成淺顯易懂又具親和力的影片，對全國大眾或是工商人士產生直接的影響。為了達成這個目標，石博士的團隊找了三大電視台赫赫有名第一代名製作人陳君天導演拍了一系列的影片。陳君天回憶第一次跟石博士作簡報，他十分尊重專業，放手讓他們去發揮。相處久了，陳導演跟筆者講，驅使他把影片拍出完美的動力，就是來自石博士對人的「信任」，這樣的信任跨越了隔行如隔山的鴻溝，讓製作團隊願意花費更多的時間和精力積極去了解工業自動化及何謂品質，和生產力要如何深入淺出的描繪。

陳君天記得有次為了讓台灣產業界了解「品質」並與世界知名百年企業「品牌」作連結，還特地遠赴歐洲法德瑞士等地，找出這些全球知名品牌在產品品質下的功夫，最後就產生了長達 26 集的品質專題系列影片，掀起了舉國上下追求產品更高品

質的企圖心與動力。他記得第一集的開頭，特別標上當年熱賣的電影《致命的吸引力》裡女主角嘲笑壞掉的雨傘：「Made in Taiwan？」的對白，要國人洗刷這種恥辱。事實上，把 1980 年代與 2000 年以後做比較，台灣在近百項科技產品的代工或品牌，產值、品質都拿到世界第一，不能不說，「Made in Taiwan」的產品經過三十多年的努力，已讓全世界刮目相看。尤其個人電腦及周邊產品、智慧手機等，甚至都成了全世界知名品牌的主要代工者，這樣的進步如今回想起來，豈不是「天時、地利、人和」下的結果！

石滋宜的領導魅力

學管理的人，對「領導管理」終其一生都需不斷學習，筆者就是一例。職場一生當中，不管是在新聞媒體、網路內容事業，或者後來跟合夥人在美國矽谷一起創辦的電子商務公司，雖然有管理人、事的二十幾年經驗，前前後後也帶過大學、碩博班畢業的數百位從業同仁，如今回想起來，在「領導績效」這個項目上我只給自己打勉強及格的分數。專業能力的學習只要用心、下功夫，一段時間後，不管哪項工作，我可以做到 80 分甚至更高的功力；然而，「帶人」的功夫，真的是最難學習的本事，因為你面對的是百種人，性格、積習、價值觀都不一樣，帶團隊的同時，既要符合企業績效目標又能兼顧「帶心」，何其難也。我們從石滋宜的職場一生，可以看到很有趣的特性，他是一個既熱情又冷靜的

領導人,「熱情」表現在他推動一項項新觀念上,他的天馬行空創意,不受環境因素的限制,簡潔的語詞配合生動的肢體語言,很能夠讓周遭的人融入他講的情境,認同他的想法。說「冷靜」呢,是指研究解決問題時的態度,就像他在加拿大的第一份焊接工作,旁人習之有年的事,他會靜靜的分析,找出更有效率的技術、方法去改變它,並且以經營績效的觀點說服高級主管,提升工廠的總體經濟效益,讓他從剛上班的工人身分,短短的一個月就升為經理。而這種研究問題、解決問題的態度,就在回台灣的 15 年內,帶給所有接觸自動化服務團,或中國生產力中心(簡稱 CPC)的企業人士,直接間接的影響。他們參與三大運動的過程,都不是為名、為熱鬧,而是從中可以學習到改善生產工廠或營運活動的觀念、方法,這是最實在的收穫,幫助團體也提升自己的競爭力。

石頭不是聖人,所以在領導的過程中也會犯下不少疏忽或錯誤,但是他會勇於面對錯誤,即刻改進。記得他剛接管 CPC 時,他委託的一位主管針對原有 CPC 冗員充斥、組織工作散漫,編列了一份開除 40 個人的名單。在請走了一批人後,其中被列在名單上的李傳政雖然才 27 歲,卻從東海大學三年級開始就有輔導業界生產系統、工業工程的幾年經驗,認真的工作態度也深獲被輔導廠商的好評,卻是名單待遣散的一員,他實在喜歡這項工作,卻又百思不解為何要解雇他?想了一個晚上,隔天早上到辦公室看著石總經理的門開著,石頭也強調再三,同仁有事,都可直接進辦公室找他談。因此,他鼓起勇氣進去問石總,他有專業,

表現也不差，為何要讓他離開？石頭聽完就說，明天繼續上班先不要走。隔天李傳政到客戶工廠輔導時，卻看見石博士已坐在那裡跟負責人討論。後來他才知道，石頭去了解客戶主管對他的評價，事後又問了其他一、二個輔導的客戶，都對李傳政的工作持正面評價。石博士回 CPC 後立刻找到那位開名單的主管，告訴他立刻停止遣散其餘三十幾人的事，馬上糾正授權該主管這項工作，後來李傳政在 CPC 一直表現盡職盡責又專業，被石頭重用，升到該中心僅有的四位「資深顧問」之一，名單上的那三十幾人，都很感謝他的出頭，許多位後來的表現都很傑出。

還有一個故事，石頭在台灣經濟部服務期間，位高權重，單位經費多，薪資水準又高出行政機關一截，服務團或 CPC 不免被許多達官顯要視為推薦自己人的地方。有次李國鼎推薦了從美國念書回來學歷不錯的一位年輕人，他父親跟 KT 是極熟的朋友（KT 那時已自官場退休），石頭對國鼎先生很尊重，就用了這個年輕人，交到李傳政的部門做事。經過十天左右的考核，李傳政覺得他工作態度不佳，不適合在 CPC 這種講求效率與專業的地方，於是請他隔天不用來上班了。這事傳到 KT 那裡，隔天老人家就坐車來到 CPC，了解到底年輕人做錯了什麼？石頭就把李傳政找來當著 KT 的面，告訴他，為何請這個年輕人走路？聽完理由後的 KT 沒說什麼就回去了。石頭跟李商量，是不是再給這個人一個機會？李就說，好，調他到另一個部門試試看。結果這個年輕人本來自恃父執輩的特殊關係，不免驕傲，經此次解雇事件的打擊，從此改變態度，成為 CPC 一位表現良好的專業顧問。

這兩個例子，都顯示石頭的領導作風是支持有專業才能、工作態度對的人，他會去從中考核，放心授權，即使碰到有背景的人，也以工作能力與態度為唯一考量。

石博士曾經在他追述回台工作數十年時的一段話，提到改變他職場命運的三個貴人：李國鼎、孫運璿與趙耀東。

李國鼎與石滋宜

石滋宜早期以顧問的身分，被國鼎先生邀請回台參加科技顧問等重要會議，因此，1980 年代初，他對工業製造與管理的先進看法，就在國鼎先生心目中留下深刻印象，並給石頭一張名片說，以後回國若碰到什麼困難可以找他。

有次，1980 年時他帶全家人由加拿大回台省親，卻因孩子簽證問題不得入境時，他想起 KT 提過，碰到困難事情可以找他。於是他就試著撥名片上的電話，找到 KT，說明孩子無法入境的事，要知道，KT 之前當了 6 年多的財政部長，海關歸財政部管，因此他輕易的找人幫石頭解決這個問題，並派專人直接在機場海關解決入境事宜，讓石博士全家得以順利入境旅遊並省親。入境後，石博士抽出時間，親自到行政院科技顧問組辦公室，去謝謝李部長的幫忙，國鼎先生跟他說：「在台灣你應該都玩過了，不如看點別的。」於是安排他參觀中鋼、中船、台機、台鋁及台朔齒輪廠，行程中還有一位劉博士陪同，並將石博士參觀完後的分析與建議提給 KT，李國鼎看完石頭寫的報告建議後，印象深刻，並說，過去幾年邀請了兩百多位學者專家去參觀企業，但是他們

談的多半是營運規模，而石博士談的卻是經營、技術的技能知識（know how），所以石頭認為李國鼎先生欣賞他的論點，是從經營者角度出發，而不是技術面專家學者，這是這兩位關鍵人物彼此首次深入的交集。

後來李國鼎幾次邀請石頭回國參加重要會議，並期望他回台長期服務，石頭都以孩子還小的家庭因素予以婉拒，但是對長輩這樣的看重，石頭也真誠的向 KT 說，即便無法回國長期服務，如果有需要的地方，他會盡一己之力提供協助，因此那幾年他們彼此都保持聯繫。石博士記得有次國鼎先生跟他討論到新竹科學園區運作的問題，因為竹科成立當初的定位是「創新育成中心」（Incubator），但是到 1983 年之前，進駐的廠商寥寥可數，因為「曲高和寡」。1980 年左右科技產業剛剛萌芽，「吃飽都來不及，哪有本錢晒乾」，能以研發為主軸的企業少之又少，進駐竹科的廠商稀少，如何能成為科技研發重鎮？石博士就向李部長建議，應該跳脫既有的思考模式，以出口區的機制來開放。KT 接受了，朝向「研發創新與生產並進」的政策調整，因此才有 1983 年以後聯電、宏碁、神通、台揚、全友、東訊等近百家本土電腦通信產業廠商紛紛進駐，有別於一般工業區，將「新竹科學園區」視為研發與生產並重的基地，於是乎，竹科就走出了一片欣欣向榮的康莊大道。

石滋宜後來為什麼違背原來跟家人約法三章的回台 2 年，在政府委託的位子上一做就是 15 年，後來為了推廣孔子與優良教育，又多做了 23 年，一直到鞠躬盡瘁於台北呢？這又跟李國鼎、

趙耀東這兩位前後任的經濟部長有關。

1985 年，石頭做滿 2 年，向李部長、趙部長兩位長者提出回加拿大的請求，李國鼎向他說：「石博士你想想看，俞院長是財經背景出身，或許對生產力不甚了解，但對你非常重視！他特別交代要我好好照顧你！」同時 KT 也透露蔣經國曾告訴他：「將來要請海外學人歸國，都要請像石滋宜這樣的人。」就是這樣，當年台灣政壇最有權力的幾位國之大老都十分看重他，借重他；加上趙耀東關鍵的幾句話，最終，他留在台灣為家鄉奮鬥，前後 38 年！

KT 對石滋宜的評價是：「他推動生產力牽涉很多關於人的理念，例如生產力觀念的灌輸，於是開了各種研習班，學員中有許多是很資深的企業董事長、總經理……。一個禮拜就可以給他們許多觀念。他的方式就是由上而下，先影響上面的人，再由下面的人執行，……他實在是很能做事的人，大熱天也常常到處去跑，像傳道人一樣去宣導，他做的非常有成績之後，大陸相關的會也請他去參加。他思想新穎，又有充沛的活力，實在非常難得……」（註 1.4）

KT 特別提到，自動化服務團並不是一個常設組織，而中國生產力中心同「食品發展研究所」與「金屬工業發展中心」一樣，都是政府在 1960 年代參照美國的發展，為推動工業化的進步，所設立的財團法人常設機構。KT 認為當時徐立德部長有此魄力，如同宋楚瑜當省政府主席邀請石滋宜擔任顧問，改革省政府各組織的生產力一樣，都是政府官員很有遠見的做法，這就是老先生晚年對石頭的印象。（註 1.4）

孫運璿與石滋宜

本書前面提到在孫運璿當行政院長的幾年，對 KT 推動的科技政策可說是鼎力支持之外，還常常抽空親身到李國鼎主持的會議現場，聆聽各方專家學者的討論，並作筆記。筆者主跑科技新聞路線時，喜歡在官方主辦重要會議的現場，坐在最後一排，除了方便進出、摘記討論的議題內容外，亦清楚觀察現場的氛圍與全場與會人士的反應，就目睹多次孫院長悄悄的來到會場，坐在後面，靜靜的聽。

《天下雜誌》前副總編輯楊艾俐撰寫的《孫運璿傳》其中有段關於石博士與時為行政院長孫運璿兩人，有關推動台灣工業自動化政策大轉彎的過程：因為李國鼎主導的科技政策每次提到行政院會討論，孫院長總是表達全力支持的態度，直到有次 KT 提了由石博士草擬的推動自動化方案，結果行政院卻擱置這個方案，放在院長辦公桌上遲遲未批，李國鼎請人在遠地的石滋宜趕緊回台北向孫院長說明。石滋宜回憶：「在他（孫院長）辦公室，我向他報告世界自動化新趨勢，不只是大量生產的機械人，還有電腦輔助設計（CAD）、電腦輔助製造（CAM），我國人工昂貴，需要趕緊進行。十幾分鐘後，他馬上就說：『對不起，我的觀念錯了，這個重要，我們要開始實施。』一位行政首長，能承認自己錯誤，我都有點措手不及。」

不僅這樣，孫院長還要祕書長召集各部會首長、次長在前聯勤軍官俱樂部，聆聽石博士推動的的這個方案，演講主題就是「工業自動化」，因為孫運璿認為「現代行政官員必須懂得現代

科技」。

這件事說明了那個年代我們國家的行政最高首長是如何的就事論事，一方面代表孫本人位高權重承認錯誤的長者風範，另方面也是他對石博士另眼相看的開始，跟李國鼎一樣十分重視石頭的專長與見識。

石博士有次跟筆者聊到，孫院長中風後在家休養復健的那幾年，他會去官邸探望孫前院長，並順便向他報告推動自動化的狀況與過程，孫先生每次都在門口親自從輪椅上站起來迎接，雙方講完話後，他一樣的走到門口站起來送客，這讓石頭十分感動，那一幕始終難以忘懷。

趙耀東與石滋宜

至於趙耀東跟石頭的第三類接觸呢？

記得 1981 年當石滋宜向孫院長簡報自動化計畫對產業轉型升級的重要性，獲得孫運璿全力支持，並在第一時間內，召集各部會部次長及相關主管在信義路旁的聯勤官兵俱樂部，聽取石博士對自動化的完整報告，這可以說是石博士一生當中官蓋雲集陣容最壯大的一次演說，連蔣經國總統、參謀總長郝柏村跨領域最高領導人都了解他，重視他。（註 1.4）

在演講會場，剛上任半個多月的經濟部長趙耀東在字條上寫下有名的警句：「How to start ACTION？」這個「行動」的英文字還特別用大寫，可見人稱趙老大（或趙鐵頭）的趙耀東積極贊同！隔月趙、石兩人在飛往高雄的飛機上決定成立「自動化服

務團」。

　　讓當時許多經濟部相關機關人士眼紅的是，人稱「趙鐵頭」或親近部屬私下暱稱「趙老大」的趙耀東劍及履及，不但要石博士在最短時間內成立該團及招募團員，並且給石頭成立後六個月拿出具體績效為目標，他為了給石博士強力的支持，除了責成經濟部次長全力襄助外，甚至在經濟部福州街主辦公大樓的四、五層樓要原單位移出數百坪的空間，讓自動化服務團進駐，既便於跟經濟部直屬部門溝通，也讓團員很快投入運作。設在部長室旁，趙鐵頭跟石頭也方便隨時溝通，這在當時官場是空前的做法，足見趙鐵頭的魄力與求效率的個性，對於石博士帶領的百多位來自五湖四海各地專業資深團員來說，與有榮焉，服務團的工作主軸跟國家產業經濟命運竟然息息相連。於是，由石博士帶領的這一百多位工程師、管理師，兩年內上山下海赴全台灣各地工業區、工廠診斷生產品質、合理化的各種問題，為自動化鋪路。筆者那時採訪科技路線，「自動化」是八大重點科技項目之一，因此常跑自動化服務團辦公室，與石博士與團隊骨幹副團長沈德盛及萬以寧、張越長等人都成了相當熟的朋友，也跟著該團跑過一百多所工廠，深入了解自動化服務團工作，它雖名為「自動化」，實則對各產業生產程序、設備、合理化、品質帶來全面衝擊，對提升台灣整體工業生產力與技術品質有關鍵性的貢獻。

　　自動化服務團在經濟部大樓進駐兩年，其後隨著趙鐵頭的調任經建會主委，徐立德出任部長而改變。徐立德希望自動化服務團的工作長期推動，因此要讓一、二百位團員的編制正規化，就

將原來的「中國生產力中心」加以改組，由石滋宜領導這項整合工作。

台灣老一輩的人對趙耀東的印象就是他把中國鋼鐵公司（簡稱中鋼）興辦起來，並且辦得極為成功，這件事，李國鼎也算是參與者之一。1968 年他當經濟部長的時候，把趙耀東帶去見老蔣總統，開始籌備中鋼；真正動起來是在 1972 年蔣院長把中鋼列入十大建設時，KT 這時候已轉做財政部長，負責編預算把錢帶給中鋼。所以台灣鋼鐵工業的啟蒙初期，KT 也做了引進領導人才及資金的兩項工作。

中鋼創辦初期，台灣根本沒有鋼鐵相關人才，為什麼能做成功？當然，關鍵就在於趙鐵頭「用人為才，推心置腹」，一切以工作表現績效為考核標準的中性制度。並且，趙耀東極重視人才的培訓與工業工程（IE）系統，讓中鋼人才從無到有，由少到多，更重要的是研發、生產部門資深工程師留職留薪，大批送到美國深造，吸取 50 年代世界鋼鐵重鎮美國鋼鐵業的營運訣竅。後來，在電機、機械、化工之外，中鋼早期大膽聘用許多工業工程背景的畢業生，對生產程序、品質管理等生產系統化科學下了深功夫，一直到現在，過了 4、50 年中鋼仍是全球鋼鐵業經營績效排名於前的公司。即使面對中國大陸鋼鐵業崛起，規模大出中鋼數倍，在近 20 年世界鋼鐵業供過於求，競爭激烈的現狀，中鋼因為不斷投入研發求新求變，使得它還保持數十年來一貫的高度競爭力，趙鐵頭札下的制度基礎與「就事論事」專業的企業文化是主要的關鍵。

三大科技產業品質的精進

2022 年 5 月《天下雜誌》公布的兩千大製造業中，以光電通訊、電腦及其周邊、半導體為主的三大科技產業占了近 6、7 成產值；此外，仍然有 24 家傳統產業年營收超過 500 億台幣，更有 113 家企業年營收超過 100 億。這兩個統計數字，告訴大家，台灣數十年工業現代化、高品質化的成果，除了這三大科技產業外，也普遍影響了機械、汽車零組件、自行車、紡織成衣等民生工業產品，形成 2021 全年出口產值突破 4464 億美元的驚人紀錄！

台灣的精密機械、金屬、石化、紡織成衣、汽車零組件、生活用品等數千品項產品，及數十項產業，面對中國大陸自 2000 年以來崛起，成為世界製造中心，這數十項傳統產業卻還能具備很高的競爭力，其中的關鍵之一，就是這十數萬家中小企業，過去數十年在產品品質與生產力方面不斷的改善、不斷的精進下的結果。「凡播種，必有收穫」，只要產品品質提升、企業生產力逐年成長，就不怕來自大陸低成本、低報價的搶單模式威脅，擁有自己的藍海市場。

人生的際遇，與時推移。誰能想到，品質與生產力的三大運動趨動力量，竟然來自一個土生土長的台灣仔，石滋宜博士呢？

沒有孫、李、徐三位經濟部前後任部長對長達九年自動化計畫的大力支持，台灣就沒有持續十幾年的生產合理化、全面品質運動在各個產業風塵僕僕的推動、生根。後來接任 CPC 總經理的萬以寧都還記得全省北中南的推動中，令人感動的就是散布在傳統產業，甚至科技產業數千所工廠，每天工廠下班後，技術人

員、生管人員、各部門主管，自動自發參加中國生產力中心在全省各地主辦的品質改善、標準化與生產自動化各種課程講習，了解提升工廠管理、產品品質的方法與步驟，同步學習人數多達數萬人。繼台灣追求所謂技術密集工業後，又一次重要脫胎換骨的關鍵過程，如今回想起來，自從中國大陸 2000 年之後成為世界製造中心，全球絕大多數先進國家的製造業逐漸被大陸取代而沒落，台灣卻仍然保持龐大的製造基地，就是因為 1985 年之後，重視研發設計與全面品質提升兩大策略方向，將台灣各個產業帶往正確的方向發展，逐漸往中高階及利基市場，找出自己的定位。

「大汽車廠的規劃」：意外一章

筆者在 1984 年左右跑科技新聞路線時，意外挖到台灣將籌設一座 30 萬輛汽車廠的獨家重要新聞，這是時為經濟部長的趙耀東為了擴大國內鋼鐵業市場質量的發展，而當時日本豐田也有意來台投資設廠，因緣際會之下，經濟部就有了「大汽車廠」的方案規劃。本來這個計畫在那當下如火如荼進行，因為石博士是東京大學工學博士出身，既懂日文也熟悉日本大商社，因此趙部長在推動這個案子時，多次諮詢他。專案快到尾聲時，有天，趙部長問石博士：「石博士你不要考慮我的政治生命，老實告訴我，這個台日合資的大汽車廠值不值得投資？」要知道，在這之前，蔣經國院長已召見石頭，當面告訴他，內定他為該汽車合資公司副總經理，5 年後扶正為總經理。石頭這時候老實的回答趙鐵頭，他認為按照豐田合約中條文的真意，新合資廠年產 30 萬輛

汽車外銷 15 萬輛的目標，絕對做不到，他也不會擔任副總經理。

但是他跟趙部長說：如果全力扶植汽車零組件工業，它的外銷量將不止 30 萬輛車子所需要數量。趙部長接受了石博士的意見，面告當時的行政院長蔣經國，因此，這個大汽車廠方案後來沒繼續推動，然而汽車零組件產業發展 35 年至今，卻成為全球最大規模，數一數二的供應鏈。

這個故事告訴我們，台灣官場上當年的「趙鐵頭」與「石頭」成了極少數務實與誠實的兩個人，不以個人政治生命為考量，擋住了可能讓政府投入數百上千億卻無功而返的產業政策。

李國鼎創造的十個典範

每個政策的績效都令人讚嘆

其實，李國鼎從經濟計畫階段、財經兩部長到政務委員任內，推動的政策與計畫多達數百項，真的要一一細數，恐怕是本書的三倍量都不止。檢討起來，成功的多，績效不顯著的少，以他老人家活到 70 幾歲，爬樓梯還兩步當一步，追求做事效率的個性，有具體成效的方案實在太多。筆者再三斟酌之下，就以對經濟、產業影響宏效較大的，選擇其中十項分述於後。

3.1 好的政策讓台灣工業起飛

兩項關鍵性的財經政策

80 年代後，全世界開發中國家都跟亞洲四小龍一樣，忙著學習如何把經濟發展起來，而這發展的第一步，就是創造一個規模夠大的外銷產業。外銷產品不僅可以賺取大量的外匯，提供本國各項建設，還可以用來進口更好的生產設備，加大並提高外銷產品的品質與數量，形成一個正向循環。此外，它還創造許多就業機會，領薪資的人力越多，就越活絡國內的消費，真是帶動舉國經濟欣欣向榮的一大良藥。

然而，要搞外銷工業，必須有一大群充沛且教育良好的勞工、技術員、工程師人力，低成本的土地使用辦法，靈活而沒有障礙的進出口及租稅措施，要做好這樣的種種準備，就要回到一個重要起點，也就是要有一套「對」的工業、貿易投資政策。「**19點財經改革措施**」與「**獎勵投資條例**」（**參閱本章 3.4節**）就是在這樣的前提下，於 1960 年代適時的推出。

「**19點財經改革措施**」的背景是美援時代，台灣剛經過 50 年難得一見的「八七水災」侵襲，中部五縣市受到重創，北部、南部也都有災情，全國經濟亟待恢復元氣。美援總署副署長薩啟奧與

助理署長格蘭特一齊訪華（台灣），他們提出重點援華的計畫，但是也一再提醒台灣方面經濟要自立自強，一旦美援停止時，經濟也可以自行發展起來。所以「**19 點財經改革措施**」的最高原則，就是當時的老蔣總統跟掌舵的財經官僚們指示，希望國家能夠自力更生，減少對美援的依賴（參見註 1.3）。

我們回顧當年被列為極機密的 19 點財經改革措施，為何需要這麼保密，它對後來的台灣經濟及執政有何影響？

其實這 19 項改革建議，說穿了就是隱含對當時的執政環境做一個全面性的改革，突破種種不合理、綁住經濟發展的的現狀，並不只是針對經濟貿易發展的領域。以當時黨政軍治國及隨時準備反攻大陸的氛圍，「佛曰不可說」，不能把針對目標說的太明確。舉凡跟國防預算相關的比重、支出與稽核，當年都是碰不得的敏感禁忌主題，因此尹李等人都從經濟發展的大帽子，以及預算收入支出科學化的觀點，列出這 19 項建議範疇，這批財經官僚若非透過美援會老美高層的背書，與老蔣總統的信任，光是其中幾條對軍政軍費的節制，早就被當時的軍頭們或那群功勳彪炳的老立委們給 K 死了！

並且，當時經濟才剛成長，人民方脫離物質極度缺乏的生活環境不久，用自己辛苦掙來的收入，購買民生必需品也是情有可原，這個改革措施方案第一條開宗明義要全國人民多儲蓄少消費。許多成人對十幾年前，存放在銀行的舊台幣存款一夜之間（舊台幣換新台幣的比率 4 萬元換 1 元）幾乎變成廢紙，有極慘痛的經驗，要他們把錢存在銀行，怎麼能夠放心？

可是萬事起頭難，民間財富不累積起來，銀行就沒有資金可以大量借給工商業，工廠缺資金，即使有訂單，也沒錢買設備或備料，所以這是「雞生蛋，蛋生雞」的道理，可見民間「儲蓄」這第一步多重要。70 年後的今天，我們對照美國 2008 年金融風暴，因家庭儲蓄率極低，導致許多家庭房貸付不出被銀行沒收房子，甚至於家庭開銷都成為問題，生活陷入困境；而我們的祖父母輩時代那種賺 10 塊存 3、4 塊的習慣，一直延續到現在，可見這個改革的宣傳是很成功的。我們來看看「**19 點財經改革措施**」內容，當年列為「極機密」文件其來有自，它的項目內容及後來的執政配套如下：

1. 鼓勵儲蓄、節約消費。

消費過速有礙資本之累積，從宣傳、教育灌輸儲蓄知識，配合租稅制度、鼓勵儲蓄，限制消費。

政策執行：提高銀行儲蓄年利息率，約在 8-15%間。

2. 發展資本市場。

政策執行：籌備成立證券交易所、發行公司債。

3. 改善民間投資環境，解除各種經濟管制措施。

4. 開放公營事業民營化。

5. 加強資金融通、活絡稅收、外匯貿易管理辦法。

6. 針對外資設廠本地各種經營障礙之排除。

7. 公營事業（含軍事生產）設備有效益化。

8. 公用事業費率謀求長期解決辦法，考慮設立公用事業費率委員會。

9. 政府全年預算國防支出占很大，未來維持此預算數不增加，如此其占總預算比重將因經濟成長總數增加而減少。

10. 年收入改革針對所有稅項檢討增刪。

11. 預算制度加入績效、成本、工作效率等考核。

12. 軍政方面之補貼，隨幣值穩定逐步取消。

13. 公務人員合理調薪取消補貼，並明訂退休制度。

14. 政府加強對軍費各項支出之稽核。

15. 建立中央銀行負責利率調整與銀行信用量質控制。

16. 所有辦理存放款之機構皆須納入銀行系統，並受台灣銀行的控制，其控制辦法並徹底研究改進。

17. 各銀行之業務依其性質嚴格劃分並由政府依銀行法嚴格監督，避免短期資金流於長期之用。

18. 建立單一匯率制度，視國濟貿易收支情況，實施自由浮動匯率制度。

19. 出口方面擴大獎勵措施，簡化出口結匯手續，鼓勵商貿接觸，謀求擴大對外貿易。

「19 點改革措施方案」當年是由尹仲容領銜，他與李國鼎兩人相偕去向老蔣總統報告後，獲得通過實施的。過程中由於牽涉到內政部、國防部、經濟部、財政部四大部會，需要許多協調，好在財政部長嚴家淦很支持，經濟部長又是尹仲容，所以兩部較不是問題，倒是內政部長連震東對往下我們要介紹的獎勵投資條例全力支持，讓 KT 很意外，因此對連震東的評語就是：「為人非常開明，很具有現代化的眼光。」

3.2 籌辦民生工業的開始

　　如同本書第二章講尹仲容，提到民生工業與「進口替代工業」有極詳細的敘述，在此不再說明，這兩者在台灣工業化之始，就是政策的一體兩面。利用美援基金成立的台幣相對基金，支持民間發展 PVC 塑膠工業、汽車工業、紡織工業、鋼鐵工業、金屬工業等，並在嚴家淦擔任財政部長任內將水泥、紙業、工礦與農林四大國營企業陸續開放民營。此外，在美援支持下，國營事業副產品工業計畫上軌道後，並立法盡量將股份售予民營。這樣多元具體推動下，1960 年左右民間工業化已發展到 6 千多家企業的規模，公民營事業的產值也從 1946 年的 60：40，發展到 1958 年的 38：62，其中最為大家津津樂道的當然就是前述王永慶的台灣塑膠 PVC 事業，由於他的卓越管理能力，多年後，成為當時亞洲最大的 PVC 企業。

　　李國鼎在民生工業啟蒙的前半階段，扮演尹仲容的主要副手；後半段，則是主導推動石化、紡織、食品等產業的主要推手。至今，台灣紡織業的潤泰、遠東、新光等龍頭企業，食品產業的統一，造紙業的永豐餘等，對 KT 當年的導引協助感念很大。

3.3 全球「加工出口區」的先行者

「日出而作，日落而息」，在我們的祖父母時代，農村環境是大部分人生活的記憶，除了少數都會區有些紅磚樓房，多數是木造屋子或瓦房，更多是「土角厝」，也就是曬乾的泥土一塊塊疊在一起，作為牆壁與隔間。猶記得，1959 年，台灣中部五縣市中彰投等地區，發生了 50 年難得一見的八七大水災，大水從中央山脈滾滾而來，沖垮了許多橋樑、道路，更多的是人們住的房子。筆者當時 6、7 歲，站在祖父碾米廠木造屋子二樓，看到大馬路的對面，一排土角厝毗鄰而立，卻因為在大水裡泡了 1、2 天，土爛牆鬆，一道道垮了下來，來不及逃的大人小孩就這樣被大水沖走。當年災民上百萬人，震動朝野及中外，老蔣總統特派李國鼎南下當「救災總指揮」，展開救援及災後重建的任務。

想想看，如果後來沒有走向工業化，發展各式各樣的建材，包括堅固耐久的鋼筋、水泥、紅磚、安全玻璃窗等，我們怎能「安居」樂業？當時光回到民國 34 年，台灣光復，除了日軍，還有許多在台灣生活了數十年的的日本人，都被美軍要求撤回日本，我們從許多懷舊的紀錄片或照片中，可看到即使是在台北都會區的郊外，都還有牛車拉貨、人力車拉人的情景，除了極少數國營或

省營企業外，絕少看到生產工廠的存在與林立。

　　因此，1960 年代加工出口區、工業區的成立，開始改變了台灣農村的面貌。

加工出口區與工業區

　　1950 年代起，包括北愛爾蘭、墨西哥、新加坡等各大洋洲為了開展工業跟經濟，吸引外資與外商在本國立足，於是發展了各種工業聚落。歸納起來不外是**加工出口區、自由貿易區、工業區、科學工業園區**四種模式，其中「**加工出口區**」可說是台灣自行創新的特別模式，它不僅成功的帶動了第一階段的工業化，奠定了初級工業生產、人力養成的基礎，並且在政府缺乏外匯的那個個時代，十幾年下來，為國家財政累積了數十億美元可貴的外匯資產。

　　「加工出口區」這個概念在 1950 年代末，由李國鼎在工業委員會提出，他非常積極的推廣這個想法，但是過程並非一帆風順，因為這個特別區的運作，牽涉到各個部會及立法院的權責。溝通、協調、整地、興港前後花了十年的時間，KT 不辭辛勞的遊說各部會首長，尤其是受老將總統及陳誠重用的嚴家淦、楊繼曾等人，終獲財政部長嚴家淦的全力支持，一直到 KT 擔任經濟部長的第一年（1965年）終於水到渠成，轟轟烈烈的設立，並成為往後包括南韓、新加坡、菲律賓等 25 個國家實地遠訪台灣學習複製的典範。

其實，加工出口區的運作十分簡單明瞭，也就是在靠近大型貨櫃輪船可以靠港的港口附近，劃一大塊地，將生產工廠所需的產銷環境，包括水電、工廠排放管路、物流、廠區道路、區內所有員工的食住行等環境作好規劃、建設，充分配合外商工廠的營運需要，如此投資者（當時大多數是華僑資金，其次是日美歐外商）才會放心前來投資設廠。

因此，加工出口區的營運有三個成敗關鍵：

首先，這個區加工組裝的所有產品是全數要出口的，因此，靠近港口才有運輸的地利之便。其次，這些設廠所需的土地租購成本、雇用的人力薪資成本，要比這些外資廠商在本國的營運成本低出很多。最後，設在區內工廠進來的多數原物料與零組件、半成品絕大多數是進口的，當時為了保護本國的原物料及節省外匯，財政部對所有進口的產品不管是原物料、半成品或完整的成品產品都課很高的關稅。

對加工出口區的廠商來說，它們組裝成完整的成品後，就外銷出去，如果不降低這些進口原物料、半成品的關稅，外商計算成本後會覺得不划算，不來投資，所以這種來料加工的原料、組件、半成品要趨於免稅，才能吸引僑外資。此外，作為生產用的設備也視同原物料等進口免稅，對許多外商而言，把其本國工廠行將汰舊的生產機器設備運到台灣來，繼續利用，真是一舉兩得，對當時的本土技術人員來說，雖然它們不是最新一代的生產設備，可是對沒有工業基礎的台灣地區來說，仍然是很稀奇的機器，操作的技術工人、領班也可學到許多設備知識，培養台灣基

礎技術人力。

　　1970 年代李國鼎當財政部長時，就延續這種概念，設立了所謂的「保稅工廠」，僑外投資廠商不限於設廠在加工出口區，只要產品百分之百外銷，都適用於這種原物料、半成品免進口稅的規定，外商進口加工組裝的原料、零組件、半成品一律免稅，但是前提就是它們不得內銷，否則就會混亂了進口品的關稅制度，這就是「保稅工廠」的運作精神。因此，在這個階段，吸引了荷商飛利浦的擴大投資，新竹、台北都設有工廠。而美商較著名的德州儀器（TI）、通用器材（GI）、RCA、橡樹電子（OAK）等也紛紛在台北近郊設立大型組裝工廠，除了創造數萬就業人力外，也建立台灣電子工業的雛形、培養大量技術人才，奠定了工廠生產技術的理念與基礎，對台灣繼紡織工業之後，成為第二大規模外銷產業有相當大的關聯。

　　第一個加工出口區設在高雄港旁的楠梓地區，運作一年後非常成功，有數百家中外廠商進駐，區內員工最多時有兩萬多人，這在當時台灣民營工業大多是中小型企業的型態，已是很具規模的製造工廠集中地。其中較著名的外商是來自歐洲荷蘭的飛利浦，第一個亞洲生產據點就在楠仔加工出口區，營運成功後，飛利浦還在新竹、台中等地再投資兩座工廠，除了生產它有名的各種燈泡、燈管外，半導體最早的初級封裝測試工廠也在台灣落地。在這同時，近年半導體封裝營收規模排全球第一名的日月光集團，第一座工廠也在楠梓立足，數十年來，營運一直順利高成長，它也不忘本，十幾座工廠都座落在高雄地區，成為高雄市政

府引以為典範的本土企業。

後來，第二座加工出口區就設在台中地區的潭子，稱為：「潭子加工出口區」，人員最多時，也有近萬名區內員工。

講起來，由尹仲容、李國鼎在 1960 年代由行政院美援運用委員會（簡稱美援會）設立的「工業發展投資研究小組」，很早就率先投入「工業區」的成立政策，並在 1963 年 6 月完成首座基隆六堵示範工業區，占地 59 公頃，投入金額高達 5864 萬元，每公頃平均花費將近 100 萬元。與一般工廠整地設置比較，算是質量很高的工廠集中區。很吸引不懂官場運作、不了解申請設立工廠牽涉的繁複程序的民間企業前來設廠。

1959-1969 年，美援會與國際經濟合作發展委員會（簡稱國合會）負責規劃、推動；台灣省建設廳與台灣土地開發公司負責辦理工業區開發業務。1970 年經濟部成立工業局，其下設專責單位辦理工業區的開發規劃與管理，並設「工業區開發基金」，積極開發工業區。之後在工業局專責推動下，台灣的工業區在 70 年代，如雨後春筍般在北中南各縣市成立，對台灣的工業基礎貢獻巨大。

坦白說，1970 年代各縣市如雨後春筍紛紛設立的「工業區」，其設計概念，許多方面出自加工出口區，只不過，它們不是保稅地區、自產自銷，而是產品生產後國內外都可行銷，更多的是，「B2B」的工業半成品或零組件製造供應鏈成型，台灣成了環島滿地都有「工業區」的現象。

近數十年台灣的失業率始終維持在 3-4% 之間，是全球數百個

國家排名前十名的模範生，講起來，就是遍布台灣兩百多個鄉鎮地區，不是有座「工業區」，就是稻田中穿插一、二座鐵皮屋頂的工廠區，這些大中小型各行各業的生產廠房，它們消納了當地的大多數勞動人力，即使是國中畢業，肯學、勤勉也容易找到工作，因此，就業機會很多，這也是台灣工業化70年一項重要的績效。

講起來，「工業製造」始終是台灣經濟70年來的主流，也創造了服務業以外最大的產業聚落，近20年來國民所得（GDP）不斷躍升，2022年可能超越南韓到人均GDP3.2萬美元以上，平均製造業薪資高出服務業三成都不止，可說都是全國數萬家各類型工廠長年創下的輝煌成就，比較起來服務業雖然人力更多，惟薪資平均水準較製造業低出許多。

3.4「獎勵投資條例」啟動，外銷興起

獎勵投資條例

一如前述，**「19 點財經改善措施」**可以說是尹仲容領銜，李國鼎規劃執行的產物，兩個人合作下的這 19 點重要措施，對鬆綁台灣當時以軍事反攻掛帥的政治氛圍，產生了很大的突破，朝野開始聚焦經濟，唯有經濟成長成功，才能支持軍事力量，也是大家逐漸具備的共識。

而**「獎勵投資條例」**純粹就是李國鼎的戮力之作，從 1960 年開始到 1990 年共 30 年的這項長期政策，對台灣的工業由民生工業到重工業，從「進口替代」到「出口擴張」，其獎勵扶植的對象遍及各製造產業領域、農林漁畜業、交通運輸業等，我們今天講的租稅政策獎勵，可以說，都是從這項條例實施延續多年所延續的制度。即使是貴為排名全球前 20 大市值的台積電，在民國 111 年的現代，仍然享受進口設備 5 年免稅等的相關優惠，都是政府對重要核心工業強力支持，極有效的獎勵工具。

「獎勵投資條例」說起來，主要重點內容有四：

一、稅捐減免及投資抵減

　　稅捐減免的範圍包括：營利事業所得稅、綜合所得稅、營業稅、印花稅等。生產事業的營利事業所得稅從最高限額的 32.5% 降為 18%。經營過公司的人都有這個體會，一個新興企業或新辦的產品製造，牽涉到買設備、原料，人員薪資等初創與營運費用，等到企業「產銷人發財」差不多進入穩定狀態，才能有穩定的收入，如果一台設備像台積電向艾斯摩爾買的 EUT 動輒數十億元，回收期長，要談盈餘獲利談何容易？這也是 10 家企業在剛成立的前 5 年，不到三分之一能活下來的原因。KT 及同僚深諳這個道理，所以「獎勵投資條例」其中對新辦事業存活一項有力的工具就是「5 年免稅」及「原料、設備進口減免稅」的優惠。

　　當初這種優惠，會使政府稅收少掉一個比重，主其事的財政部應該最不贊成。還好，如同本書前述的，李國鼎貴人之一的嚴家淦，當時正是財政部長，接受 KT「短空長多」的說明，支持這兩種稅捐減免，雖然初期國庫少掉一筆稅收，可是企業穩定壯大後，源源不絕的稅收更甚前 5 年。這個例子拿今天的台積電最是明顯，近 20 年來台積電進口的設備、原料雖然因為減免使政府少了幾十億元稅收，可是台積電最近 5 年，每年上繳營業稅 3、400 億元，如果加上員工繳的所得稅、股東繳的股利合起來近千億元，夠驚人吧！這就是兩稅優惠得到的長期宏效。

　　早期為了鼓勵大眾養成儲蓄的習慣，所謂的「藏富於民」，讓銀行有龐大的融資可調用，加點利息貸款給工商業，又培養了更大的工商業規模，只要營運正常，每年繳給政府的營所稅也可

正向成長，因此，在「獎勵投資條例」中多了一條銀行利息 36 萬元以內免稅的規定，一直實施沿用至今。

二、成立「行政院開發基金」

「獎勵投資條例」內第三章有一個很創新、對新事業居關鍵推動力量的條文，就是要公營事業出售民營事業的所得，不必繳回國庫，而是成立一個基金，這就是**「行政院開發基金」**的由來。行政院開發基金的來源最早是美援會的物資賣給民間工廠加工的盈餘收入，以及重大投資項目其股利或賣股價差的盈餘，兩種歷年累積而成。

這個基金對於稍有風險的新事業特別支持，當民間對新投資有疑慮、投資金額過大、新興的技術領域不了解（如台積電這種晶圓代工產業模式）、對國家社會健康醫療有正面意義等領域，往往可以發揮引導的綜效，企業投資有賺有賠，但是一旦獲利，其股票換算的效益，常是投資額的數倍，乃至數十倍。所以幾十年來累積了數百億元，進行的新創投資高達數百個項目，有成有敗，更重要的是帶動的正面效益非常大。近年台灣重大交通建設，如高鐵、造船，新興產業如生物製藥、風力發電、節能、半導體等在它的大力注入資金下，都有具體的發展，是帶動台灣工業朝向與先進國家接軌的重要關鍵。

由於政府預算的編列受年度及編列用途之限制，開發基金剛好可以補其不足，可相對靈活運用，對重大產業或技術的投資，能發揮即時的引導效果，尤其近 20 年，該基金對高科技產業、新

創企業的投資發揮了連鎖效應，今天台灣半導體設計產業，能成為世界第二位，以及個人電腦產業，多達百多項產品市占率居世界第一，許多都是行政院開發基金的多元運用與投資下的成果。

三、吸引外資投資

這項獎勵條例實施後的 1965 年，KT 接任經濟部長，在開創「加工出口區」與引進美日歐外資跨國企業來台設立工廠，發揮了臨門一腳的關鍵功用。根據該條例的具體範疇，提供外商土地及租稅優惠，成了他們很大的誘因，因此在他經濟部長五年任內，形成外資、僑資赴台投資欣欣向榮的現象。這裡頭還有個故事，1960 年之前，台北根本沒有像樣的大飯店，可以供美歐日工商人士來台長宿，在這個條例下，KT 引進了僑資蓋了統一大飯店、中泰賓館、環亞飯店等，當時算是台灣規模最大的僑資投資，讓外來投資者有個洽談公務、居住的舒適空間。

四、開發工業區

「獎勵投資條例」不僅吸引外商來投資，因為種種為興辦工廠設立的各種優惠條件，也鼓勵本地擁有資金或工商業關係的投資人，紛紛創辦工廠。經濟部及各地方政府為了方便工廠的設置與管理，大量的規劃建置工業區，這樣就跟興辦工廠成了良性循環，幾十年發展下來，造就了台灣 26 縣市每個縣市少則幾個，多的幾十個工業區的現象。根據經濟部的統計，到 2021 年為止，全台灣居然有 201 個工業區！

根據主管機關經濟部工業局近年的統計，工業區分布最主要的前 10 名縣市以新北市、台中市、高雄市、台南市、桃園市這 5 都廠家最多，都超過 一、二千家的水準，員工人數前十名，縣市雇用人力，超過 52 萬人。工業區與散布在鄉鎮農地、山坡地、海邊等另外數萬家工廠不同的是，它的規劃很集中，整個廠區道路出入、水電照明、廢水處理等都有良好的規劃，並且離一般民眾居住社區也有一定距離，不會擾民，只要合乎條件規定去申請，一旦核准入區，有些連廠房都已建置妥當，可讓投資人在最短時間入區設廠生產，方便又有效率，難怪在 1970-2000 年代，前十縣市工業區一規劃出來，短短幾年內就進駐大半，70 年下來，對台灣的工業、經濟發揮了很大的貢獻。

3.5 稅制改革與國庫統一支付制

　　民國 50 年代，有一個可以彰顯老蔣總統尊重學者專家，使得台灣的財政金融得以朝向現代化的故事，那就是從美國受邀回台主持「賦稅改革委員會」的劉大中、蔣碩傑，他們與李國鼎、俞國華、孫運璿等部會首長組成 6 人小組，針對當時財政稅制方面提出了大膽的改革建議。該委員會後來不再受行政院長蔣經國的重視，成立 2 年後即停止運作，可是提出來的賦稅改革方案擲地有聲，在筆者的認知中，因 KT 先前參與經濟、工業規劃與執行的十幾年實踐過程中，對賦稅的消極面與積極面早已心中有感，必然也是賦改會 6 人小組討論、歸納過程中，最積極的參與者。第一年賦改會產生了具體方案，先向老蔣總統簡報，獲老蔣總統認可後，有了尚方寶劍支持，於是乎，當 KT 擔任財政部長任內（1969-1976 年）他就劍及履及推動賦改會幾項具體建議，這些稅制改革多年後檢討起來，對台灣的財政稅收政策產生了深遠的影響。如果說，今天我們企業界對繳稅的遊戲規則十分清楚，沒有官員可以憑自己的解釋上下其手，每位納稅人每年收到國稅局的繳稅表據，條列項目清清楚楚，只要拿起筆電隨手一按就可完成報稅手續，這樣的便民、親民的清廉作風，追根究底，就是

1960 年代末李國鼎將賦改會的具體方案，付之行動，一一落實的結果！

它最重要的三項財政措施，以下詳述。

推動所得稅制度

這個稅制的大改革涵蓋了企業營業所得稅、家庭個人綜合所得稅、遺產稅與贈與稅。要知道，在這以前，農業及民生工業階段，因為民辦企業規模還未成氣候，執政者對於稅收來源，還是停留在百年前的清帝制時代觀念，國家收入倚賴最大宗的，仍是貨物進出口海關所產生的課稅收入。可是，對進口的原料、零組件、半成品課稅，課太高會傷到以組裝或加工再出口的外銷產業，讓它們無法成長變大，政府就沒法塑造一個課稅的大池子，一如我們今天看到的財政部設定貿易關稅。再者，整廠設備進口，為了生產外銷，卻被課以高稅，會墊高了外銷產業的生產成本，不利於出口導向工業的蓬勃發展。所以這兩者間的衡量實在令執政的人難以取捨。

當然，如本章所述，外銷加工出口政策的成功、科學園區的轉型，與全台灣「工業區」的普設，創造了世界首屈一指的「個人電腦王國」、「百項世界第一電子代工產品」，使得台灣的工業生產產值在短短的 40 年內（1960-2000 年）從百億元台幣不到，成長數百倍，到超過千億美元的規模，所創造的營業稅、個人所得稅，乃至出口稅基，每年高達數千億台幣，可見以嚴家淦、尹

仲容、李國鼎為首的這批財金技術官員把工業、外銷這塊餅做大後，政府的稅收規模累積創下如此令人讚嘆的具體成果。

回想起來，如果當初財金執政的官員，本著保守的態度，斤斤計較每年的稅率稅收的比例與金額，反對各項為鼓勵出口的減稅免稅作為，那麼豈能有今天台灣的貿易、稅收成就！這就是有遠見有作為的官員為台灣奠定的良好基礎。

1960 年代的財政所得稅的制定，本來不包括遺產稅與贈與稅，但是賦改會結論建議時，將它們列入，賦改會運作時李國鼎以經濟部長身分參加改革小組。隔了一年，李國鼎改當財政部長時，正好將它們付之實施，這是很重要的關鍵。因為之前的財政部長陳慶瑜是很反對減稅或免稅，認為對財稅收入沒有幫助，但是李國鼎長年規劃經濟、工業發展大計，又當過經濟部長，因此他看稅制的觀念很趨向於「養大企業」、「藏富於民」，再來課稅，這時候的稅基就可以做大，對政府稅收的發展反而長遠有利。

這裡面，有個人既不贊成制定新稅，也不調整稅率，與 KT 在內的賦改會諸公呈現對立面，他就是行政院副院長蔣經國（後又調升為院長）。也因他持反對的態度，因此，賦改會運作不及兩年就解散。但我們都知道，KT 的個性，只要他認為對國家經濟產業發展是對的，他會鍥而不捨、排除萬難、推動到底。他用兩招說服蔣經國，一是十大建設需要許多錢，否則推動相當困難；另一個理由是，全球文明國家的稅制都要與時推進，隨著環境的變化，每隔一陣子就要修訂，才能有利於經濟的發展與民生的需

要。最後，蔣經國終於認同他的觀念，只是加一個但書：「稅收要維持一個相當水準。」（註 1.2 p406）如此，在 KT 財政部長任內，才能執行包括所得稅、遺產稅、贈與稅在內相關新稅的實施。這個企業與個人所得稅的實施，是劃時代的措施，不管是企業或個人，所得大於虧損，有盈餘就要繳稅，實施至今，數十年來已成為我國總預算一項很重要的收入項目。

財稅資料電腦化

李國鼎從政的過程，很早就必須跟美國優秀的專家、官員（美援總署、美援會）打交道，因此早期他就樹立了國際觀的視野，所有施政作為不會只「見樹不見林」，僅僅看到台灣當時的環境需要。此外，受到 1950 年代 IBM 等大電腦公司推動電腦應用的影響，他很早就知道資訊化的重要性，因此，他在財政部長任內，就把他也參與的賦改會其中一個重要建議：財稅資料電腦化付之實施。

跟全球當時一百多個開發中國家比較起來，台灣的電腦化算是走在前面。這個財稅資料中心全名叫「財稅資料處理及考核中心」，顧名思義，它有兩大任務功能，一是將全國各企業的營業所得稅及個人所得稅繳稅資料電腦化、即時化，企業當年度的所有營業項目產生的所得收入品項都會進入電腦系統。因此，大型企業該繳多少稅，當時的電腦系統約七天的時間，就可以計算出來，如果靠人工核算營業資料、課稅項目，紙本繁多，都要數十天

以上的功夫（當然，今天的超級電腦幾分鐘即可算出）。如今，財政部財稅資料中心多年發展下來，配合各部會、各級政府資料的匯入、整理運算，每家企業、每戶家庭、每個人的各項所得項目，在大電腦系統內歷歷在目，交叉勾稽，非常方便檢出，更無法俺蓋欺騙。

財稅資料中心的另一大功能，就是「稽核」的能力，該中心之下設有稽核組，KT 雇用了 30 人，20 位會計專業人士，10 位法律專長，每 3 人編一組，由 2 位會計人員及 1 位法律人員組成，根據中心電腦計算出來的稅收資料與企業實際繳稅稅額作比對分析，去查企業的稅。這樣的方式專業又不易生弊端，KT 提到（註 1.2）有次該中心計算出來，王永慶只交了兩百多萬元的稅，與實際應繳的金額有一大段的差距。那時候的王永慶領導的台塑集團已是台灣數一數二的大企業，王董這位大企業家少繳稅，財稅官員很慎重，李國鼎身為財政部長，當然要依法論法請王董補交稅，這事還鬧到蔣經國院長、中央銀行總裁俞國華那邊，蔣經國問 KT 怎麼王永慶需要補繳那麼多稅？KT 利用這個機會，就把財稅資料中心的電腦化處理過程向蔣作簡報分析，「他才恍然大悟」（註 1.2 p408）。同樣的，俞國華要做好人，他告訴王永慶如果無法繳稅，央行可以借錢給王永慶。依筆者側面了解，這次補稅事件使得王董對 KT 頗有微詞，兩人之後往來交情就淡了。但這件補稅事件充分顯示財稅資料中心存在的功能與重要性，也因此，台灣中大型企業後來數十年來繳多少稅，財稅資料中心、國稅局的大電腦系統掌握得清清楚楚，企業繳稅繳得心安理得，沒

有爭議。

國庫統一支付制

　　這個制度簡單來講，就是政府撥給中央部會及各級政府的錢，是先付還是後付？已經付出去的錢卻還未執行完，怎麼辦？我們知道，國家有所謂的總預算，早期以每年的 7 月 1 日爲一年預算啟動日（現爲 1 月 1 日啟動），同理，6 月 30 日就是這年度預算的最終一日。未實施這個統一支付制之前，中央會根據核準的年度預算，將錢先撥給用錢的各級政府機關，並且，整個收支牽涉四大單位，「財政部」管理國庫收入，「主計處」控管國庫支出項目，「中央銀行」負責管理國庫，至於「審計部」則審核每一筆經費的支付。各級政府及部會單位的預算分成經常性費用（如薪資、租費、維護費等）及專案計畫費用兩大部分，經常性的費用申請、支付較無問題；計畫性專案費用，一方面分階段驗收，另方面跨年度執行，各用錢單位承辦人員常常爲了申領費用，跟四大單位權責人員溝通，曠日廢時影響行政效率，一方面也有外行管內行的本位思維，可說是官不聊生。

　　通過「國庫統一支付制」後，將這四大單位牽涉預算費用執行的人合署辦公，稱爲「國庫集中支付處」，統一管理，變得非常有效率。更重要的是，預算的錢放在中央銀行國庫端，計畫執行多少，再透過郵政儲匯局統一支付，總預算控制在中央，可以靈活調度，不會在年度執行的前半階段，錢都撥出去了，放在各部

會及各級政府的銀行處，年尾用不完，或專案執行進度落後再繳回中央，相當無效益。當實施這個制度後，沒有用完的預算就順延至下年度，屆時執行完畢再支付，預算執行的效益越來越好，甚至有盈餘產生。有一年，甚至還有一百多億元的盈餘，蔣經國院長很驚訝，問 KT，他就能詳細的說明「國庫集中支付處」的處理過程，讓小蔣能釋然（見註 1.2）。

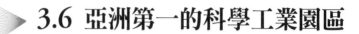

3.6 亞洲第一的科學工業園區

　　新竹科學工業園區（以下簡稱竹科）的成立並非世界首創，在它之前，美國的矽谷（Silicon Valley）及波士頓已有成功的科技公司聚落營運，尤其，矽谷運作至今，仍是全球規模最大、人才、技術鏈最完整的科學園區。追根究底，竹科成立構想最早是由當時剛成立不久的「國家科學發展委員會」（簡稱國科會）首任主委徐賢修奉層峰之命，赴美國考察矽谷、波士頓兩大科學園區，籌劃設立。開始時，在行政院蔣經國院長的指示下，由經濟部、教育部與國科會的首長研商，原先經濟部認為應該由該部主導，李國鼎 1977 年 3 月向蔣經國說明後，成立執行小組，次年元月蔣即下令由國科會主持園區業務。1979 年 7 月 23 日孫運璿擔任行政院長時，通過「科學工業園區組織管理條例」，並由蔣經國總統在 1980 年的 6 月 18 日公布此條例後開始實施，同年 9 月 1 日成立園區管理局，第一任局長就由國科會副主委何宜慈兼任，這是官方版的成立過程。

　　但其實它剛成立時，跌跌撞撞，「曲高和寡」，符合資格可以進駐的廠商，頭一、二年寥寥無幾，筆者採訪的第一年（1982年），整個園區還空空蕩蕩的，筆直的馬路，栽植整齊的路樹，真

像個公園。如果長此以往，中看不中用，會被國會或媒體給批判的，那麼幾年費心規劃、建置的心血豈不白費了？

要知道，竹科成立初期，主要目標是希望帶動台灣工業往研究發展，也就是所謂的 R&D 方向前進，所以對申請進園區的廠商資格，以及一旦入區駐廠後，研發計畫的研擬與執行考核都有嚴格的規定，如果做不到承諾的績效，那麼半途被要求離開園區，是可預想的結果。筆者記得有幾家新創公司始終停留在籌備階段，未能進入正常營運，最後被要求撤出蓋好的標準廠房。

坦白說，以當時台灣幾個崛起不久、略具規模的工業，如紡織、機械、石化塑膠、電子等產業來講，絕大多數都還停留在代工製造、賺取薄利的狀態，先求溫飽生存，逐漸擴大營運產生較大利潤時，才能撥出盈餘進行 R&D。而所謂八大重點科技，也才剛剛推動不久，國外學有專精的優秀人才，應政府邀請及 KT 的號召，回台籌創公司不到十家，這些新創者，他們原在美國大公司做事領薪水，現在得解決創業面臨的「柴米油鹽醬醋茶」等各種營運問題，先得活下去、才有持續不斷的營收，規模大到一定程度才能奢言研發。因此，當時除了聯電、宏碁等少數幾家本地企業營收稍具規模，適度做些研發投資外，還看不出幾分類似美國矽谷的那種蓬勃發展、R&D 掛帥的大氣象。

再看看李國鼎當時正推動的「資訊工業」，多年後成為科技產業龍頭的宏碁、神通、友訊公司，也都剛創業不久，營運項目初期主力還以代理美國半導體產業研發設計的「微處理器」等為主。筆者 1982 年開始跑科技產業時，宏碁已是國內工業界率先

重視研發的新創公司，從小教授一號、二號、三號，一直到後來的天龍中文電腦，以及跟朱邦復合作的倉頡輸入法，都屢創新產品、新技術之先。1983 年底宏碁推出亞洲第一台能和 IBM 相容的個人電腦，1986 年設計出亞洲第一台 32 位元個人電腦，都居領先，前者並幫助該公司朝「專業電子製造」（EMS，早期為 OEM 代工）發展，讓宏碁每年數倍成長。還記得筆者 1987 年寫的一本書《高成長的魅力》，特別訪問施振榮及幾位共同創辦人葉紫華、黃少華、邰中和、林家和等人，描述宏碁前十年創業成功的故事，因宏碁那時候已是台灣家喻戶曉的優秀電腦公司表率，頗具知名度，因此拙作當年還入住暢銷書的行列。

宏碁後來以自創品牌進軍全球，其 Acer 品牌形象資產在 90 年代還曾創下十幾億美元的紀錄，創辦人施振榮連續幾年都成為亞洲唯一入榜美國《福星雜誌》的「全球 Top20 最具影響力人物」，自然也是台灣科技產業，最具代表性的模範企業。也因它的入駐竹科園區，成了「魚幫水，水幫魚」，壯大它自己，也壯大了園區第一個十年的營運規模。

描述這些場景，無非就是說明新竹科學園區成立的前二年，為何「門可羅雀」？對李國鼎而言，經過赴美演講、座談、邀請的系列努力下，總算有幾批海外學人專家進入園區創業，有做通訊產品的台揚創辦人王華燕、謝其嘉來自美商 HP、做掃描器的全友王渤渤來自美商全錄，另外，三家半導體公司華智、茂矽、國善的核心創業夥伴，則來自美商 IBM、惠普、德州儀器、英特爾等一流高科技公司。

尤其後述三家半導體公司，當時都缺大筆資金用來買設備做生產，這種急迫感催生了「台積電」不在話下（參見本書第四章4.2節訪問張忠謀）。可見，要催生一座科學園區容易，但是要真正能夠讓它正常營運、產生巨大營收，進而形成一個扎實的產業供應鏈，談何容易？這就是孫運璿院長、李國鼎政務委員兩個人當時面對的問題。

　　後來，KT聽了石滋宜的建議（參見本書第四章4.2節訪問石滋宜），不要求進駐廠商只做研發，開放讓他們也可以設立製造工廠生產產品。這樣的建言，企業界也陸續有人向KT表達，KT聽進去了，並做適時的修正，這個改變，導致後來個人電腦暨周邊產品廠商紛紛進駐。就這樣，先求量產，創造大量營收，有了好利潤，再要求一定比重做研發，就成了80年代管理局核准廠商進入園區的依據。

　　在此前提下，本土第一家由工研院電子所技術移轉，1980年成立的半導體公司聯華電子，配合後來消費電子晶片的暢銷，擴充園區自建廠房生產規模，加大生產消費IC（晶片），連續幾年大賺錢，開始大力投入研發。

　　所以，這個策略的改變讓園區活絡起來，80到90年代，竹科是個人電腦與電子廠商撐起一片天的階段。後來90年代末，電腦、周邊產品供應鏈逐漸移到中國大陸的廣東、蘇州一帶，台積電、世大、華邦等半導體大廠分別成立。2000年後，則由半導體及光電面板兩大產業鏈替代，成為竹科園區的主流產業，近年則由於台積電這艘航空母艦年年高成長，上下游的IC設計業與封

裝測試業跟著壯大，已成爲北中南科學園區最大的產業，2021 年營收高達 2 兆 7119 億元，反而電腦暨周邊產品因大多數供應鏈遷往中國大陸，營收僅剩 1636 億元。（參考表 3.6.1、表 3.6.2）

這裡要特別提的是，聯華電子在那個階段，創造了 IC 設計公司的兩大生態主軸，橫軸是發展涵蓋通訊、電腦、消費電子三大應用領域的晶片設計線；縱軸則是深入單一產品功能的深化、技術演進，以及晶片製造的垂直供應鏈。多年來，它培養分出去許多家 IC 設計公司，譬如「聯」、「智」字輩的 IC 設計公司。聯發科當然是最有名的創業具體作，發展至今，它的市值已超越母公司聯電。我們在談論台灣今天能成爲全球第二大規模的半導體產業聚落，甚至於是第一大的晶片生產供應鏈，不能不感謝曹興誠、宣明智早期帶領聯電集團，創造了台灣半導體垂直供應鏈的創業平台，讓台灣在晶圓代工產業獨步全球之外，又促成了 IC 設計公司創業熱潮。幾十年下來，居然有上千家深入各個領域，開發各種利基功能的 IC，不少後來上市櫃的晶片設計公司，都是蹲十數年下的研發功夫，才開發出市場熱銷的產品，研發在半導體上游設計產業，成了重中之重的營運重心。

經過三十餘年後，今天散布台灣北中南三大科學園區，近千家廠商，R&D 的投入，已成了每家廠商創業之初必有的共識，不管是精密機械、自動化產品、生物醫藥或 3C（通訊、電腦、消費電子）廠商，要到科學園區設廠，沒有高質量的研發團隊及計畫，不要說得不到園區管理局的批准，光是募集創業資金、組成創業團隊的第一階段就通不過呢。

也許精明的讀者諸君有人觀察到，爲何以生產爲導向，產值年營收已達 3、4 兆元台幣規模的科學工業園區，主管單位是科技部（現改名爲國家科學及技術委員會，簡稱國科會）而不是經濟部？筆者 30 年前在《工商時報》寫過一篇專欄，也提出這樣的質問，文中建議屬性是產業研發導向的工研院，應該從經濟部手中轉爲國科會來主管，然後科學園區既然生產爲重心，研發次之，宜由經濟部主管。然而，基於前述的歷史背景因素，科技教父 KT 向蔣經國呈報的結論中，已把它歸納責成國科會主管，經濟部長也就不好再力爭。形成今日同樣是生產、出口爲重心的科學園區、一般工業，卻分成不同兩個部會負責的奇怪現象。

　　科學園區的發展是 1979 年從新竹園區開始，1995 年成立台南科學園區，2002 年台中科學園成立，另外，周邊地區隨後擴大建置，包括：竹南園區、龍潭園區、宜蘭園區、新竹生醫園區、銅鑼園區等五個，連同竹科本區共六個園區，都隸屬竹科，而台中科學園區除本區外，也陸續成立后里園區、虎尾園區、二林園區、中興新村研究園區，歸中科管理局管轄。南科目前除本區外，還有路竹園區及興建中的高雄園區。從表 3.6.1 可以看出，自從新竹科學園區成立 45 年以來，每 10 年的營運成長都以倍數計，1990 年時竹科園區營業額還是 655 億元而已，2000 年將中科、南科園區營業額併入計算，已逾台幣 1 兆元，2010 年竹科、中科加總也有 15645 億元的營收規模，績效、成長十分驚人。1995 年以前，竹科園區以電腦及周邊產品爲主，90 年代末隨著主力廠商宏碁、廣達、仁寶、和碩、緯創移至中國大陸的深圳、蘇州、崑山一

帶，整個供應鏈也跟著遷移至大陸。一直到 2015 年，大陸這些地區包括人工薪資、保險、退休準備金等，加總起來、成本與台灣比較相差無幾，又加上 2017 年起川普當選美國總統後，掀起了美中貿易及高科技管制的戰略競爭，使得台商從 2019 年起，陸續將較高階的電腦及網通產品移回台灣，一部分流往科學園區生產，所以台灣反而坐收漁翁之利，近三年各園區、全國各工業區都呈現兩位數的成長率。

到了 2021 年，橫跨北中南各地的科學園區（參見表 3.6.1）總計營收已超過 3.7 兆台幣，以全台灣各縣市工業區大大小小上百個來作比較，三大科學園區加總的廠家數目一千多家（1071 家），總產值居然創造如此巨大營收，孫運璿、李國鼎兩位大老如果天上有知，一定會為這麼成功的工業政策，造福全台灣、享譽全世界，感到非常欣慰。

表 3.6.1　科學園區發展軌跡表　　　　　　　單位：億元

年分	全產值（億元）	廠家數	成立順序
1980	1983 30	37	1979 年竹科園區成立
1990	655	292 （竹科 1999 家數）	1995 年台南園區成立
2000	9282	289	2002 年台中科學園區成立
2010	15645*	514	
2021	37180	1071	

註 1：資料來源參考國家科學及技術重負會官網統計、新竹園區公會統計資訊

註 2：*含竹科、中科之統計值

表 3.6.2　科學園區主要產業產值規模表（2021 年）單位：億元

	電腦周邊	半導體	光電面板	通訊	精密機械	生物
竹科（廠家數） 2021 年營業額	61 1498	194 11514	96 1589	44 560	63 437	146 183
中科（廠家數） 2021 年營業額	17 49	14 8048	35 1841	2 4.82	94 297	50 79.6
南科（廠家數） 2021 年營業額	9 88.3	38 7556	45 2493	12 166	65 481	86 134
合計（廠家數） （億元）	87 1636	246 27119	176 5924	58 731	222 1215	282 397

資料來源：參考國家科學及技術委員會官網統計

3.7 全球電腦王國的產生

　　從 2000 年起，台灣的電腦產業每每成為國際媒體競相報導的焦點，「個人電腦製造王國」的美名不脛而走，國外很多人也許不知道台灣的地理位置，但全球工商業人士或喜歡組裝 PC 的業餘人士，卻對台灣組裝個人電腦，以及生產相關周邊零組件產品的能力，所謂的「個人電腦製造地──台灣（MIT）」印象深刻。

　　還記得，1980 年代初，在大學就讀的學生學習所謂的「電腦應用」，就是選修 COBOL、FORTRAN 這兩種電腦語言，然後去電腦中心「打卡」排隊，等候驗證程式設計是否有錯誤。所謂的「家用電腦」（Home Computer）才剛剛被創辦蘋果電腦的賈伯斯與沃滋尼克在車庫裡發明出來，先有家用電腦才有個人電腦（Personal Computer 簡稱 PC）的出現，這兩者都是蘋果電腦的發明。在此之前，以 IBM 為首的中大型電腦風行數十年，迪吉多（Digital Equiment Computer 簡稱 DEC）、王安電腦（WANG Computer）、NCR、HP 等大型電腦公司，在這個領域各領風騷，但在 80 年代好幾家企業沒有跟上 PC 興起的腳步，堅持走中大型電腦的方向，公司在市場占有率與營收逐漸消失中苦撐，進入

2000 年後都漸漸消失。筆者還記得大約是 1985 年左右，應邀參加迪吉多在法國度假勝地尼斯的「迪吉多世界（DEC World）」，是該公司的全盛時期，當年銷售表現優秀的各國代理商被邀請參加這個盛會表揚，重要市場國家地區的主要媒體代表也受邀參加。個人住在一晚三百美元的旅館，除了白天採訪時間外，也享受了一周渡假的感覺，一場近千人的盛會要花掉上千萬美元，當時美國幾家大型電腦公司獲利的豐厚可見一斑。

IBM 如何打敗蘋果電腦？

既然 PC 是蘋果電腦發明，並在前 5 年獨領風騷，為何後來的 20 年卻被 IBM 為首的 PC 廠牌打趴？這個結果跟台灣個人電腦產業的命運發展息息相關。要知道，個人電腦的風起雲湧，是因為 IBM 採取兩大相當攻擊性的策略，非常成功。第一個策略就是 IBM 為了快速進入 PC 市場，與英特爾（Intel）、微軟兩家公司的核心產品合作，促成所謂「Wintel」的相容個人電腦，讓 PC 很快滲入各行各業大行其道。個人電腦的兩大核心組件，其一中央處理器（CPU）採用英特爾的產品，作業系統（OS）採用微軟（Microsoft）的作業系統。

IBM 第二個策略，則是在美日歐及台灣等地，申請了大量的個人電腦專利，從一部 PC 的外殼設計、電源連接頭、材質、散熱風扇、主機板、周邊產品、零組件功能設計、主機板布置等等，申請了一萬多個專利，布下專利的天羅地網，然後鼓勵台灣廠商去

製造，扮演所謂「OEM 代工」的角色，包括 IBM、HP、DELL、東芝、飛利浦等歐美日品牌廠商委託台廠製造供應，產量從 80 年代初期的幾萬台，到 2000 年每年都高速成長，年銷數千萬台。一開始是桌上型電腦，2000 年起，重心漸漸轉到筆記型電腦（NB），然後是 2010 年興起的 ipact，台商配合 IBM 這項相容 PC 與代工策略，數十年下來，坐擁世界個人電腦製造王國的美譽，當然，這數十年繳給 IBM 個人電腦專利權利金，整體產業也在數千億元台幣以上！

IBM 的這兩個策略，把個人電腦的創始廠商蘋果電腦，市占率打得唏哩嘩啦，蘋果從超過一半市占率，幾年之間連降，大幅滑落到只剩個位數，而 WinTel 的市占率卻直直成長，最高時超過八成以上，導致蘋果創辦人賈伯斯因業績大幅下降，被董事會趕出門。

台灣個人電腦供應鏈的崛起

台灣在 80 年代個人電腦興起的時候，跟進相容個人電腦的大潮流，其實有幾個很有意思的事件，筆者剛好身歷其中。民國 70 年左右，台灣社會流行玩電動遊戲，這種電動遊戲機，當然不是像今天的手機這麼靈巧，而是來自日本東京秋葉原（YAKIHABARA）淘汰的大型產品，附有座椅的電動遊戲機。當年遊戲內容雖然只有幾種，例如射擊戰機、賽車、闖關行進遊戲等，卻因新奇有趣，吸引許多大中小學生試玩，每投五元硬幣就

可玩一次，許多中小學生沉迷其中，影響課業的學習，並且常有騙取家長零用錢等等行為發生。這樣的現象媒體接連報導後，立法院的老立委們，接二連三質詢行政及警政署等單位主管，使得行政院長孫運璿下令取締，沒多久，台北市警局主管這項業務的一位科長，就跟轄區所有電動遊戲店店主們公布規定，不准在學校方圓 100 公尺內，經營電動遊戲機或店面，接著各縣市警局主管跟進禁止營業。

因應電動遊戲機的盛行，許多電子業者進口秋葉原的原型機器，拆開分解研究，發覺只要從日本二手貨市場或零組件供應商源頭，就可買到所有零組件、半成品，然後找三重、新莊一帶射出成形工廠，就可開模做出一樣外形的遊戲機。逐漸地，從幾家小工廠試做，幾年內形成了數百家上下游生產、組裝、零組件及代理商的產業供應鏈，而警政單位下令禁止學校周遭電動遊戲機店營業，不只全省上千家店面一下子歇業，這個形成不久的產業鏈也面臨停頓的局面。

怎麼辦呢？這時候一群業者開會商量，如何往下走？有人反應，聽說美國有家叫作蘋果電腦的公司，做出了一種家用電腦的產品，它的構造很像電動遊戲機的核心，有螢幕、鍵盤，內部也是塊主機板，上面插上晶片（IC）、電阻電容被動原件、記憶體等，大家要不要來試做看看？經過台灣這些老闆、主管、工程師沒日沒夜的督促努力之下，不久，各家就做出各種大同小異的家用電腦雛型產品，很快地取代電動遊戲機，成了他們的主力營業產品。隨後，IBM 相容個人電腦問世，1982 年，當年的國際電腦

展美商康柏（Compact）在會場展示了第一台的相容個人電腦原型品，自此震驚各界。宏碁創辦人施振榮了解，這是一個大趨勢，因內部研發團隊忙著做小教授三號產品，因此就出資委託工研院開發，並在 1983 年推出第一台相容個人電腦。而原本組裝電動遊戲機的這批廠商，也有樣學樣紛紛轉進個人電腦的組裝生意，宏碁因為有代理相關零組件與微處理器的部門，也助他們一臂之力，相輔相成，讓已經熟悉這種架構與組裝原理的產業鏈，很快跟進，沒幾年就形成數千家規模的產業聚落，這是民國 75 年前後的事。

當然，這個產業鏈也並非無往不利，中間也經歷過兩大事件。首先，個人電腦領銜的老大，蘋果電腦以違反著作權、專利等侵權行為，隨同檢警單位全面取締上百家為首的所謂仿冒廠商；緊接著 IBM 以侵犯專利為名，也控訴數十家中大型個人電腦廠商，即使是台灣 PC 界的領導廠商宏碁、神通、詮腦、山汶、旭青等也都吃過這個苦頭，透過建立自主研發設計能力、支付專利權利金等，度過了被停業或罰巨款的威脅。

台灣 PC 產業一直到 90 年代末，發展到數千家廠商，年營收破千億台幣的規模，上中下游廠商賺到錢後，也在各自擅長的專業領域，投入更多的研發，擁有自己的專利與著作權能力，跟當年組裝簡易的電動遊戲機年代，已不可同日而語。從進入 21 世紀至今，台灣一直是全球最大的 PC 暨周邊產品供應鏈，所以能成就如此規模，這裡取上中下游三家廠商代表，來說明發展過程。

首先，最具代表性的系統廠商，當然是宏碁電腦集團，創辦

人是施振榮、葉紫華夫婦，其次還有黃少華、邰中和、林家和幾位創業夥伴，公司開始時代理美國微處理器等產品，後來家用電腦時期，發展小教授等系列產品，剛開始時也曾誤闖美大電腦公司著作權、專利的陷阱，然而他們從錯誤中學習得很快，開始開闢 PC 代工業務方向。第一個 EMS（電子專業製造服務廠商）大單來自 IBM，十幾億元的訂單光是備料、採購零組件就要幾億元，那個階段宏碁的辦公室、廠房還是租來的，沒有什麼資產可以跟銀行抵押取得這龐大融資，怎麼辦？還好，創辦人施振榮的形象很好，剛被選為青創楷模不久，李國鼎對他很欣賞，知道這項困難後，就找了幾家官銀總經理，當面告訴他們，作為個人電腦專業代工廠（EMS）接單買料的難處，請這幾家銀行各貸款上億元以上資金給宏碁，解決了「雞生蛋，蛋生雞」的難題。一旦有了第一批貸款用來採購設備及龐大零組件、原物料等費用，組裝完，外銷給 ITT、IBM 等品牌廠商，收到貨款後，就有了大批貨款收入，足可用來償付銀行貸款。如此，一旦形成信用循環，銀行與宏碁互相信任，生意就越做越大。後來，施振榮決定擴大發展自有品牌往國際市場進攻，就不免與代工的 IBM、康柏（Compact）等國際 PC 品牌公司，產生市場的競爭，最後，應客戶的要求，分拆兩家公司。宏碁電腦以 Acer 品牌外銷全球，本身不做代工及製造，緯創則擔任專業代工的 EMS 角色，代工的對象遍及美歐日各跨國公司電腦相關產品。緯創 2021 年度創下 8620 億元台幣的營收，就是宏碁從 1983 年扮演 EMS 專業代工生意所打下的基礎，延續至今，他的第一任總經理林憲銘平地起高樓，

「青出於藍」的表現，幾年之間，就建立了 PC 專業代工高品質及服務的傑出聲譽。

第二個廠商就是鴻海，1982 年筆者首次騎摩托車到鴻海總部的土城去探訪郭台銘董事長，在這之前，鴻海從做模具起家，當時主力產品是電子產品內部各種不同規格功能的連接器（Connecter），他的桌上擺了套電腦輔助／製造（CAD／CAM）系統，筆者那時候也偶爾幫專業 CAD／CAM 雜誌寫稿，略懂它的功能，於是詳細詢問郭董這套系統的作用。他親自操作給我看，我十分訝異經營一家十數億營業額的公司負責人，居然這麼了解這套科技工具，後來又主動去拜訪了幾次，深入了解鴻海這家公司的營運特性，並報導該公司的種種績效表現，後來幾家財經媒體也去訪問他，到年底，多家官銀總部的徵信室都有鴻海相關厚實的正面報導。

多年後，有兩次的機會碰到鴻海法務長退休的周延鵬與郭董身邊特助出來創業，他們分別告訴我，當年以《工商時報》為首的媒體，正面又詳細報導鴻海的新聞，被各總行負責產業分析、徵信的副總經理詳讀後，紛紛主動打電話給他們的土城分行經理，要分行經理主動拜訪鴻海財務主管，表示願意以較大融資貸款給他們，鴻海因此有大資金可以購料、擴大廠房設備，生意就越做越大。數十年過去，如今連續 10 年成為全球第一的 EMS（電子代工專業廠商），2021 年集團的營收創下僅差 60 億就滿 6 兆億台幣的空前規模，不到 40 年的功夫，成就這麼大的事業體，郭台銘的專業、敬業、格局與視野，實在令人欽佩與動容！

第三個廠商，當然就是上游晶片的代工製造廠商台積電，有關它的創業與高成長，筆者 2021 年 9 月出版的《台積電為什麼神》（時報文化出版）有極詳細的介紹，讀者可自行參考。特別要提的是，台積電由於投入研發、量產良率技術不斷的精進，如今製造的能力，除了電腦相關產品需要的精密晶片外，代工晶片對象遍及：自動化、人工智慧（AI）、汽車、家電、電競、機器人的、元宇宙等各大領域，從 2017 年開始，10 奈米以下的晶片製造，量產的品質、良率，超越英特爾與三星兩大超級廠商甚多。可以說，未來全球發展中的先進科技產品，主要功能都會匯集在越來越微小的晶片內，越是精密，就更是台積電的獨家生意，在晶片代工競爭領域，未來十年內仍然打遍天下無敵手！

　　這三家廠商涵蓋了廣義的資訊電子（含電腦、光電、通訊、半導體）上中下游產業的領域，也是李國鼎當年推動的八大重點科技範疇，他老人家主政 12 年打下良好基樁的優秀典範！

　　往下的 3.9 節會談到，外籍科技顧問制度對台灣個人電腦發展有一席的貢獻，尤其是當時擔任 IBM 研發副總裁的鮑伯・艾凡思，在科技會議上，建議台灣發展彩色顯示器工業，適時的提升台灣個人電腦的產品技術層次，讓台灣個人電腦產業不斷精進，功不可沒。

　　回溯到 2000 年後，筆記型電腦風起雲湧，取代桌上型 PC，展示螢幕改用 LED、LCD，輕、薄、短、小的新型組件，第一階段發展的關鍵 12 年，已經讓台灣廠商穩穩的坐穩了 PC 代工王國的地位，韓國、日本大廠這方面一一落敗，遠遠被我們拋在後面。

這是一次會議，一位外籍顧問的具體建議；更重要的是，一位領導人鍥而不捨的督促、執行，使得一項新興工業順利奠基，並更加蓬勃發展，創造的產業實力與國家財富影響極為深遠。

管理啟示：

外籍科技顧問如艾凡思者，具豐富技術經驗，又居龍頭公司關鍵地位，能知無不言，適時提出具體建議，充分發揮了顧問功能，光是這件事也印證了行政院科技顧問制度的價值。

管理關鍵：

政府決策官員要有洞見真相、了解產業趨勢的能力，如果先天不足，至少並要有專業顧問、幕僚適時提出具體方案，可襄助補足之。最可惜，最令人遺憾的，就是明知可為，卻沒有作為，或碰到一些阻力即中止，並安慰自己，至少盡了些力，這樣的官僚令人可憐又遺憾。

3.8 沒有李國鼎就沒有台積電

　　今天的台灣，由農業轉工業發展了 72 個年頭，從《天下雜誌》2022 年 5 月公布的「2021 二千大製造業」，有 52 家年營收突破 1000 億台幣，2021 年整體工業製造產品出口產值破空前的 4460 億美元！其中電腦、電子、光電通信、半導體、石化等五大產業就占了超過 8 成的產值貢獻，對處於西太平洋的小島，既沒石油天然氣或稀土等天然資源，土地面積又小，人口也不過是兩千多萬人，經歷了 72 年，居然在國際貿易、工業實力方面有如此巨大的成就，回首往事，真可謂「天時、地利、人和」下的結果。

　　「天時」，指的是 1949 年的韓戰爆發，毛澤東統治下的共產黨中國派大軍越過鴨綠江援助北韓，讓美國這個自由民主世界的老大一夜驚醒，開始圍堵中國大陸，除了由麥克阿瑟將軍率領盟軍回攻共產黨聯軍，將其逼回鴨綠江畔外，並且美國杜魯門政府一改之前放棄支持據守台灣的國民黨政府的態度，透過美援（軍援、金援與大眾物資）積極扶植台灣國府，並派第七艦隊維護台灣海峽，這就形成了一半的「地利」。另外一半就是退守台灣的蔣介石總統痛定思痛，檢討大陸國軍節節敗退失守的原因，到台灣的第一步改革從土地開始，一連串的「耕者有其田」、「三七五

減租」、「公地放領」讓農漁民有地可耕種、養魚，藏富於民，這就是另外一半的「地利」。

50 年代，美援物資的到來，適時的改善基層百姓的生活，土地改革政策又產生了大批的小佃農，辛苦工作，有自己的收入，因此，家家戶戶得以「生產報國」，使得本島的人口急遽增加，就成為「人和」其中的因素之一——工業勞動人口的增加。更重要的另外一個「人和」就是，老蔣總統信任陳誠——當時的行政院長與省主席，以及他帶領的嚴家淦、尹仲容、李國鼎、孫運璿、趙耀東、徐立德等一批有能力、積極做事的技術官僚，從此展開了轟轟烈烈發展工業的康莊大道。

「台灣積體電路公司」（簡稱台積電，英文名字叫 TSMC）就在這批技術官僚推動工業化走到一半的（35 年）1985 年，突然冒了出來。一開始跌跌撞撞的，創辦資金是國府退居台灣以來最大的一筆，當初號稱「百億元 VLSI 計畫」，因此，主其事的張忠謀籌資過程很辛苦，差點就打包走人，卻在最後關頭起死回生（詳細請參見筆者《台積電為什麼神》，時報文化出版）。

所以說，台積電的成立十分偶然，坦白說，包括當初推動的李國鼎、孫運璿、俞國華幾位要員，想也不會想到 36 年後，TSMC 居然成為「國寶級」的企業，不僅紅遍台灣，是台灣數十萬家企業的典範，縱觀世界工業舞台也十分耀眼，不僅成為美歐日大國爭相邀請設廠的對象，2021 年又進入全球前十大市值的企業，市值最高時近六千億美元！

筆者 2015 年採訪台積電創辦人張忠謀（參見本書第四章 4.2

節）談創業始末時，坐下來，他老人家（訪談那年張忠謀先生時年 83 歲）第一句話就說：「沒有李國鼎，就沒有台積電。」第二句話他笑笑對我說：「當然，沒有張忠謀也沒有台積電（的成功）。」回溯當初，台積電的創設也一樣是「天時、地利、人和」的組合，1985 年張忠謀回國接任「工研院院長」，因為新竹科學園區三家回台創業專家們的集體需求，要政府補助龐大資金，以投資成立晶圓製造工廠，負責推動科技的李國鼎很急，請張忠謀趕緊規劃，才讓張忠謀後來說：「我以為回來（台）是為政府做事（工研院），結果是為台積電做事。」就這樣開始啟動，這是「天時」。新竹科學園區那時候，除了聯華電子、全友、台揚少數幾家廠商外，規模、氣勢都不大，政府官員期盼引進更多的外商或先進科技企業，讓園區活絡起來，規劃設廠的條件十分優惠，只要核准，比起一般的工業區，在此設廠企業整體的營運環境好太多了，這是「地利」。

講到「人和」，上焉者，從行政院長到經濟部長等財經官員都是台積電成立初期資金、人才的後盾，幫忙一家一家打電話邀請國內大企業投資，由於半導體晶圓代工是一個很創新的概念，這些大企業老闆們因不甚了解，猶豫不前，參與投資的狀況有點冷清，籌資過程並不容易。尤其，籌資的前半年，居然美歐日跨國科技公司沒有一家表達要投資，張忠謀不免受到挫折，行政院長俞國華向李國鼎指示，至少應有一家外商參與，在這種壓力下，李國鼎運用他當部長時培養的人脈，親自帶著張忠謀飛到荷蘭的飛利浦公司總部，向創辦人飛利浦爵士與 CEO 簡報，獲其首肯，

才終於爭取到第一家外商的投資。

這是張忠謀感念李國鼎，覺得是 KT 臨門一腳踢進球的源由。

台積電創設資金一確定，馬上有來自工研院電子所的第一批人才、第一座實驗工廠移轉作為該公司的員工、設備。縮短了創業初期招人、買機器等的時間，並且，早在 TSMC 籌設的十幾年前，「電子技術研究發展計畫」已培養了一大批人才作為工程師的來源，此外，赴美進修碩博士的技術人才也有數千人等在那裡，只要台積電營運順利大幅成長，不怕沒有有經驗的人才加入，這就是另外一半的「人和」。

當然，追根究底，最大的「人和」，當然就是張忠謀本人！他在美國半導體產業從工程師、業務主管、生產研發都經過長期的歷練，甚至還當過德州儀器（TI）半導體事業總經理及通用儀器總裁的高階管理經驗，前後共 29 年的專業工作閱歷，即使是在1980 年代全球也找不到幾個人能具備如此豐富又一流的半導體產業經歷，居然就被台灣給挖到了！

也就是這樣的「天時、地利、人和」，讓台積電一開始就擁有一般新創公司沒有的條件，站穩了發展的腳步。

雖然歷經 2022 年全球政經情勢的大變局，幾乎絕大多數科技企業都被掃到，台積電跟美歐跨國科技公司一樣，股價直直落，台積電在這樣的惡劣大形勢下，卻仍然維持高成長、高毛利的良好營運狀況。俄烏戰爭、糧食危機、疫情延續、供應鏈失序等重大事件都不是單一企業、抑或單一國家可以搞定，當 2022

年這一連串事件漸漸底定之後，全球經濟、物價、消費恢復穩定後，台積電這樣有優越競爭力的企業，必然是股價比多數公司回復較快的企業。

　　話說 1986 年，張忠謀一手籌備台積電的創設時，可沒有國內大企業或大老闆對它有信心，覺得它是一家發展有潛力、可以捧著大筆鈔票去投資的公司。我們這裡講的大老闆在 1980 年代，都是台灣產業赫赫有名的人士，他們包括台塑王永慶、大同林挺生、東元黃茂雄、台橡、聲寶陳茂榜等企業，政府財經科技首長為了邀集他們投資，出面餐敘、親自打電話懇切說明拜託，努力的動作不一而足，這些大老闆還是存疑而裹足不前。誰會想到 34 年後，這家半導體公司會產生這麼令人震撼的發展，這麼龐大的成就！

　　就拿經營之神台塑集團創辦人王永慶來說吧，一開始張忠謀在引介下去拜訪王董作簡報後，沒動靜，接著經濟部長李達海親自打電話拜託，王董仍不為所動，後來當時的行政院長俞國華再親自打電話，跟王永慶說這是政府重大政策，請他務必支持。要知道，俞國華接中風的孫前院長運璿之前，可是有個綽號：「國民黨大掌櫃」，老蔣總統對他充分信任與倚重，所以除了擔當中央銀行總裁外，當時所謂「黨庫通國庫」，國民黨所有黨營事業與財務支出都是由俞國華拍板決定。深諳政治情勢的王董與幕僚團隊，當然了解這個道理，俞院長親自出馬，一定要給面子，最後，台塑才很勉強的投資了將近 5%的金額，並且，在台積電成立沒幾年之後，就把擁有的台積電股份統統賣掉，另外成立了南亞

科電、華亞科兩家半導體相關企業。南亞科專做記憶體 IC，市場演進起伏很大，賺的時候，賺很多；虧的時候，也虧很大。有陣子曾經成了台塑集團相當大的包袱，虧損了數百億元，有人統計，若是台塑不把它當初的 5% 股份賣掉，留到今天，母股配子股，至少市值上千億元以上，這大概是台塑董事長王永慶始料未及的事吧。

所以，台積電創業當初，並非一帆風順，而是充滿了變數，過程還頗有些曲曲折折呢。筆者當時在《工商時報》負責科技相關領域的採訪，對其中籌資創辦過程印象特別深刻，也陸續做了許多相關報導。

的確，台積電成立過程，真的是無心插柳，柳卻成一大片蔭呢。

1986 年 7 月，張忠謀回台剛接任工研院院長那天，前任院長方賢齊交給他一頁 A4 紙，上面條列急辦事項的清單，項目第一件事，就是要趕緊為從美國回來新竹科學園區創業的三家 IC 半導體公司團隊籌建晶圓製造工廠。

這三家華裔創業者來自 IBM、HP、Intel 幾家跨國企業，他們的專長領域都與半導體相關，當初在李國鼎發展高科技政府高層號召鼓勵下，放棄美國大公司的優渥待遇，回到本島剛成立不久的新竹科學園區創業。當時的科學園區環境資源十分貧乏，除了研發環境、辦公室，以及政府的獎勵政策以外，人才、廠房、創投資金等高科技廠商必要的條件都付之闕如，如果政府不能幫他們解決生產工廠問題，巧婦難為無米之炊，沒有工廠，就沒有晶片

可生產出來，最終新竹科學園區第一批半導體公司就要腰折。一旦半途而廢，傳到海外華裔人才的耳中，恐怕就不會再有優秀專家，願意拋棄高薪回來創業了。那麼，剛成立沒多久，本來要作為台灣高科技研發中心的「新竹科學園區」，就會成了空中樓閣，轉型不成，它就會是國內另一個傳統工業區罷了，哪能創造我們今日看到的，全台灣新竹、竹南、台中、台南、路竹這些蓬勃發展的科學園區，一年替舉國家創造 5、6 兆億產值的實際成果呢？

如此，李國鼎、孫運璿擘劃多年的心血將成為空中樓閣，幻影一場；這是何等令人扼腕的事，他們兩位政府最高財經科技領導人，尤其是擔任過財經兩部部長經歷，又被蔣經國總統賦以「行政院應用技術發展小組召集人」的李國鼎更是念茲在茲，焦急的不得了。得趕快要幫新竹科學園區這三家新創半導體公司，解決當務之急——成立晶圓半導體製造工廠。這是當時張忠謀接任工研院院長第一個月面臨的情景。

因此，當方賢齊把那張急辦事項紙張交給張忠謀時，特別叮嚀張忠謀，KT 對這件事特別急，應該幾天內就會來找你談。果不其然，接任院長不到幾天，就接到 KT 的電話，要他隔周一到行政院參加 KT 主持的會議，討論如何為這三家半導體新創公司找出一個解決方案。事實上，當時的選項之一，就是幫三家各成立一家晶圓廠，可是政府沒那麼多預算，後來就接受張忠謀的建議，傾向於創立一家有晶圓製造能力的半導體公司，由它幫三家半導體公司生產。

張忠謀向筆者說，這三家半導體公司其實當初都是規劃做

非邏輯 IC 的晶片,他卻規劃導向邏輯 IC 的特殊應用積體電路（ASIC）的製造,政府高層只要因應三家公司要求,早日成立晶圓製造工廠。至於製程技術方向,充分信任 Morris 操盤,由他自行決定。

值得一提的是,1987 年剛成立時的台積電技術來源,主要是工研院電子所的 6 吋晶圓廠,其次是飛利浦部分技術轉讓,那時候晶圓製造主流技術是聯電的 3-5 微米製程,主要產品是消費 IC 領域。反而台積電的 1.5 微米製程比較曲高和寡,每月兩萬片產能,鑑於國內 IC 設計公司只有 30 家,且多屬小型,月需產能幾百片,根本消化不了,急需拓展海外市場,這也是 TSMC 剛成立時前幾任總經理,都是張忠謀從他熟悉的美國半導體產業找老外來擔任的背景。

1988 年英特爾 CEO 安迪‧葛洛夫來台,張忠謀力邀他到新竹科學園區工廠參觀,希望能取得當時是全球炙手可熱的個人電腦微處理器晶片的製造龍頭的訂單。皇天不負苦心人,隔了一年,通過該公司派來專家小組的兩百項工作流程所有認證後,終於獲得來自英特爾第一張訂單,馬上把產能填滿,展開台積電開廠以來新的一頁。

這就是當年無心插柳,卻茂盛開花,最後成為一棵龐然大樹,樹蔭護住了台灣這個科技之島的由來。

半導體產業的幕後功臣

　　人稱老胡的胡定華是工研院電子所第一任所長，他的個性鮮明有主見，卻也尊重專業分工，從 1978 年到 1988 年，十年之間，他協助執行積體電路技術發展計畫，1988 年從副院長任內轉赴民間創投產業發展，由史欽泰分別接任他的電子所所長、副院長職務，他們帶領的這群專業團隊，默默的執行政府交付的任務，培養了大批的電子、半導體人才，為台灣的半導體產業打下了堅厚的基礎，是台灣積體電路能有今日世界第二的地位，最大的幕後功臣之一。

　　大家都知道，聯華電子、台積電是工研院電子所當年技術移轉、扶植成功的兩家積體電路公司，這裡還有一段故事，外界並不清楚。即電子所原本的實驗工廠研發、生產、銷售都做，一年也做到近一億元的營業額，毛利很高。可是當聯電、台積電分別成為官控民營企業後，電子所實驗工廠的存在，反被外界部分人士批評「與民爭利」，因此，政府希望該單位不再做產銷的事，將留在電子所的技術、產銷人才移轉出去。本來是計畫移轉給聯電，但是這群人並不贊成，後來，RCA 訓練專案總領隊楊丁元從美國受訓回來後，了解這件事，他跟電子所所長章清駒商量，為了不讓這批人才流失掉，於是找了國內華新麗華集團投資，另外成立了華邦電子，接收這批人才。

　　這樣的做法，據了解當年張忠謀並不以為然，時為副院長的史欽泰居中協調，認為多成立幾家積體電路公司，可以讓台灣的

半導體產業較早成形，於是乎，工研院將含這批人才在內的技術移轉出去，為國內成立第三家半導體公司，史欽泰還透露，華新麗華集團支付了三千萬台幣給工研院，當作技術移轉權利金，為工研院當年帶進一筆可觀的收入。（以上參考註 3.1）

從此處可見，在聯電、台積電、華邦成立的過程中，胡定華、史欽泰、曾繁城、楊丁元、章清駒這幾位帶領電子所積體電路實驗計畫的領導人物，不僅在 6 寸廠 2.5 微米實驗工廠做出了傲人的研發、生產量率，聯電、台積電卻不居功，最後還配合政府政策，說服一齊奮鬥的同仁，將技術成果都移轉出去，為台灣半導體產業的發展初期，付出相當的貢獻，值得為他們的付出喝采！

3.9 科技顧問制度與人才延攬

從老蔣總統將國府政權移到台灣開始，台灣工業化的 70 年過程中，幾乎少有一個政府領導人能像李國鼎這樣有自信、能尊重並積極的以行動力結交國際各國政要，並且延攬國外重量級人才擔任台灣國家級科技顧問，20 年間（1975-1995 年）大量的延攬優秀科技華人人才回到台灣服務。不管是擔任短期的顧問性質，還是在台灣的長期創業，甚至如同張忠謀先生這樣，以台灣為家，讓台灣的前三大外銷產業，在最重要的高成長階段，有源源不絕的中高級人才注入本土產業，這些來自美日歐的技術、管理人才，帶來新技術、新觀念、新經營模式，使得台灣在這關鍵發展精密工業的 20 年，遠遠將絕大多數發展中國家的工業水準拋在後面，至今想追上台灣仍遙不可及。

我們的教育環境鼓勵出國進修始自 1960 年代，當時台灣民營企業薪資每個月都還停留在 300-800 元台幣的水準，同一時期美國工廠工程師的月薪資在 300-800 美元，如果以當時的匯率 40：1 來計算，是我們技術人員的 40 倍！這也難怪，當時凡是念理工或外文系的大學畢業生，十之七、八都想辦法到美國、或日本、歐洲留學，繼續念碩博士，取得學位後，想辦法留在美國賺美元，還

可寄回台灣，幫助家人改善經濟狀況，最多的時候，留美人數一年高達一、二萬人。大學畢業生流行一句話：「來來來，來台大，去去去，去美國。」筆者服義務役當預官輔導長時，周圍的大多數預官軍官，空閒時都在念托福、GRE，準備出國進修。因此，趙耀東當經濟部長時，有次媒體訪問他，他脫口而出：「台大人被國家培養，卻都留在美國就業，太浪費人才了。」這話很傳神，但只講對了一半。要知道，從 80 年代新竹科學園區啟動，台灣的電子、電腦、半導體三大產業開始崛起，1980 年起，許多企業代工個人電腦相關產品，成長很快，開始需要大量的研發、設計、管理等技術人才，我們養在國外的這些留學生數以十幾萬人計，就業經驗少則一、二年，多者也有一、二十年，並當到中高階主管，正是台灣 ICT 產業可用的時候。

KT 深深知道這個潛在優勢，於是每年趁到美國開會、考察、演講時，大力鼓吹他們回到台灣創業或就業，施展一身技術本領。當時國內每年召開的「全國科技會議」、「科技顧問會議」、「近代工程策略會議」都會廣邀國外專家學人回來開會，並透過各部會協助，組一團又一團的訪問團，實地到科學園區、工業區或重要科研機構參觀，表明他們若回台（90%來自美國）會有各種就業、創業的工作機會。如此，每年引進電子、電腦、半導體、通訊種碩博士背景人才，數以上萬人計，對台灣工業轉型，走向高技術、高品質的方向，帶來非常巨大的倍數效益。

「行政院科技顧問組」是李國鼎當政務委員發展科技時期，依據「國家科學發展方案」設立的一個非部會正式編制單位，當

時能被 KT 邀請擔任科技顧問的外籍人士，都是美歐日國家研究機構當過院長、副院長或像 IBM、AT&T 這種超級大企業的高階主管，這些外籍科技顧問每年參加李國鼎主持的「行政院科技顧問會議」兩次，一次在台北，另一次在美國（因美籍科技顧問占所有顧問約三分之二以上比重）召開。依筆者 1982-1991 年跑科技新聞的印象，在台北召開的顧問會議是場重量級會議，來自國內產官學研的專家或企業高階主管都會被邀請，分別參加不同議題的會議，這些大型分組會議召開前，事先經過 KT 召集的國內專家小組討論、審核通過，覺得對產業或國內各方面發展，會帶來有深遠影響、效益較大的議題，才會被放入分組討論的正式議程內。然後經過這些不同領域、國內外專家幾天的充分討論，如果經過以外籍科技顧問領銜，大多數與會人士同意後，就會成為方案，報請行政院會通過後，就成為國家政策。

這樣的過程，集思廣益，可以避免少數決策官員只憑主觀，或少數一、二人輕率看法就做決策。以筆者印象最深的一次，是 IBM 研發部門副總裁鮑伯‧艾凡思（Bob‧Evans）擔任科技顧問在會議中，提出個人電腦開始走向彩色顯示技術趨勢的議題。KT 注意到了，在會議中就請教他，這樣的彩色顯示器技術從何來？一座這樣的工廠要花多少投資？與會人士包括大同、東元等企業主管也也紛紛加入討論，隔日，艾凡思就向 KT 提出了具體的答案，最後，它就被列入本組的會議決議。科技顧問會議結束，在 KT 的追蹤、協調下，隔年大同「中華映像管」、飛利浦的「竹北建元廠」就相繼成立個人電腦彩色顯示器（CRT）的工廠運作，

對當時方興未艾的台灣個人電腦工業發展，帶來如虎添翼的重要效益。

同樣的時期，不要說上百個發展中國家，即使亞洲四小龍的南韓、新加坡、香港都沒有類似的外籍科技顧問會議運作，也沒有這麼多的理工電子人才養在美國。要知道，外籍科技顧問並非每年兩次行禮如儀的形式而已，都是真槍實彈的觀察、提議、討論、驗證，對台灣走向技術密集工業發展，提供了另一角度的助益，相信多位外籍顧問在他們人生生涯中，都會以曾經幫助過台灣的工業發展為榮。

李國鼎領導的科技顧問組從工研院、資策會借調了二、三十位學有專長的研究人員，幫他追蹤、考核，凡是經過科技顧問會議或其他重要會議決議立案的計畫，他們會追蹤各部會或各級政府執行的品質與進度。如果這些幕僚小組人員不斷跟催後，執行單位還是置之不理或進度遲緩，就會交到 KT 手裡，他老人家會親自撥電話客氣請教執行的科處長，了解問題出在哪裡。必要時，他會升高層級召開專案會議，找負責該方案的相關部會主管開門見山檢討，親自盯緊執行的進度。就這樣，將許多牽涉到人才、資金、法規、部會山頭主義、本位主義的問題，一一打通任督二脈，使得許多重要的科技政策、專案、計畫得以有效率的運作並完成。

3.10 台灣成為資訊化社會

　　筆者從事新聞工作的前一年（1981 年），有次讀到《天下雜誌》專訪李國鼎的一篇文章，內容跟推動台灣的資訊化社會相關，其中 KT 講的一句話讓我印象深刻：「作爲一個現代人，不能沒有經濟、管理與電腦（資訊）的知識。」72 歲的老先生，在當時社會大眾對電腦應用一無所知，還停留在大型企業或國防、中央單位才會使用大電腦系統的階段，他卻對資訊化社會獨具如此先進的觀念，非常不容易。當然，後來跑科技新聞跟 KT 認識後，才深入了解李國鼎當時推動全國政府機關、學校、工商業的資訊化（電腦化）具體內容。這個推廣政策其實有兩大面向，一方面是促進全國上下電腦的應用，另外一方面則是協助發展民間資訊工業（電腦產業）。兩個面向對台灣後來 30 年成爲現代化工業社會，有很大的影響與貢獻。後者可參考本書第三章的 3.7 節有極詳細有趣的描述。

資訊化社會與國家現代化

　　「資訊工業十年發展計畫」（1979-1989 年）是李國鼎依據八

大重點科技中的資訊科技而設計的十年計畫。當時全球各國領導人大絕大多數都沒有具備「電腦化將襲捲政府施政、各行各業、社會民生應用」這樣的概念。還好，我們有個李國鼎，早在 70 年代中期，就看到電腦的功能，認為它終將普及而形成一個資訊化社會。正因為國家相關領導人具備先進的觀念，並掌握推動的資源與權力，所以台灣的電腦化相對於全球許多開發中國家而言，算是走在最前面。

政府機關各部會在 KT 督導協助下，對內的行政工作過程只要可以電腦處理的就盡量電腦化，並且各部會電腦化環境涉及的硬體、軟體（文件、格式）網路之間，非常重視它們的相容互通性。舉例，我們今天每年要繳的汽車燃料稅、牌照稅、個人所得稅、房屋稅、地價稅，從收到通知到繳款、取得證明等過程，牽涉到內政部、經濟部、財政部、僑委會（僑民身分）、外交部、國防部各單位，以及從中央部會到地方政府各權責單位，它們之間，交錯複雜。首先，文件表格要標準化符合電腦程式設計，然後各自存檔，卻能自動互相勾稽，進行各種稅款的自動化流程，如果沒有數十年前良好的規劃、執行、改進，今天的公民的繳稅過程哪能如此方便？

再者，從 2020 年開始新冠肺炎橫行，為了避免感染，這三年之間各縣市大中小學實施網路線上教學，這種「偏鄉網路化」早在 80 年代政府就極力建設推行，跟全球先進國家比較，我們遠距教學的環境毫不遜色。衛福部監管的健保作業，與全國醫院、診所之間疫苗注射、通知、記錄、存檔，必須是衛福部轄下各權責

單位與醫院之間的電腦系統相互聯通，這樣的系統規劃若不是數十年前，開始一點一滴的建置、修正、擴大，哪能在疫情發生的三年之間，開發加入各種應用程式（APP），對全國使用者及醫療體系帶來這麼的方便與及時？

當然，我們執政內閣有位天才型政務委員唐鳳，以她的才華、能力與經驗，帶領團隊開發出極爲迅捷好用的應用軟體，跟各部會的電腦、網路系統整合，產生極爲出色的應用，在數百個受疫情影響的國家地區，可以無愧的說，台灣在疫情資訊整合、揭示的表現絕對是前三名！

政府與本地人民、工商業機構、外國團體，個人相互間因電腦化而帶來的種種效率與便利，追根究底，溯源到李國鼎當年一個重要決定，那就是成立「資訊工業策進會」（簡稱資策會）。

爲了推動前述的十年計畫，在行政院院長孫運璿的指示下，先成立「行政院資訊工業發展推動小組」（簡稱「院資推」），召集人是李國鼎，執行祕書楊世緘，資策會在這裡面扮演執行推動的實際功能，剛開始，它主要的三大任務是：

一、策劃功能

在「院資推小組」指示下，進行各種資訊化的計畫。

二、推廣功能

透過辦理每年一度的「資訊月」、出版「資訊與電影雜誌」、舉辦各種與電腦資訊化相關的研討會、演講與座談會，宣傳各項

應用觀念。

三、發展系統

　　協助完成政府機關的電腦化，第一期包括銀行電腦化連線、出入境管理系統、中央印製廠電腦化、公賣局資訊化系統等。

　　筆者印象深刻的是，每年年底的「資訊月」轟轟烈烈的開幕，都會先舉辦記者會，因此，在對社會大眾開放前一天，媒體都能在台北世貿展覽館現場先睹為快。它的設計分成主題館、應用區、產業館等，主題館大都是政府單位近一、二年建置成功電腦化成果展，因此，我們可以看到當年中科院發展什麼先進的國防系統、內政部的身分證電腦化系統、教育部學校遠距線上教學系統等等，不同的電腦化應用模式具體展出。一整個月巡迴台北、台中、台南、高雄甚至金馬等偏遠地區，各地來自政府機關、工商業、各地民眾，數百萬人參觀，對推廣資訊化社會產生非常廣泛、深入的影響。這項活動前十年由資策會規劃舉辦，後來改由民間的「台北市電腦商業同業公會」舉辦。北市電腦商業同業公會在國內工商業領域，素有「天下第一公會」的美譽，為什麼？因為它雇用了二、三百位全職會務人員，每年除了舉辦「資訊月」活動外，「國際電腦展」（CompuTEX）是另一項享譽國際超大型專業展覽。每年有來自國外數萬專業人士專程來參觀，國內電腦電子通訊三大領域數十萬從業人員，更是再忙也要親臨現場參觀的專業展覽。舉辦至今超過 35 年，不僅打敗了美國秋季電腦展、德國消費電子展，大陸蘇州政府學習十幾年想取而代之，也無功

而返。電腦公會除舉辦各大展覽之外，也辦理各種專業研討會、演講及訓練，會員家數全國公協會之冠，登記超過三、四萬家公司，該公會一年來自會費、政府委辦工作專案經費、展覽與訓練等收入，年營收超過兩、三億元，比之許多中小型企業營運的表現毫不遜色。也是資訊工業三期十年計畫（共 30 年）當中極為重要的一股力量。

一直到 2022 年的今天，「資訊月」活動仍然進行中，成為台灣行政機關引導推廣資訊化社會，極為成功的一項活動。

電腦化能在 80 年代就普及台灣全島，「個人電腦代工產業」（EMS）的興起，也是很重要的一個因素，因為完整的 PC 供應鏈形成，在早期桌上型電腦的時代，任何稍懂電腦軟硬體概念的人，就可以到台北的光華商場的一、二百個店面，從外殼、電源器、散熱風扇到 CPU、記憶體、硬碟機、螢幕、電阻電容等等零組件，現場採購應有盡有。80 後出生的那一代，學習電腦、網路知識特別快，很多年輕人在中學時期，因為看書、參加電腦社團或學長指導就會組裝電腦。筆者猶記得，當時許多電腦連鎖店，除了代理品牌個人電腦之外，自己也組裝所謂的白牌電腦在賣，價格比有品牌的產品便宜二、三成，這讓家庭經濟環境較差的家庭小孩也擁有一部桌上型電腦的機會，對促進資訊化社會，助益很多。

另外，許多偏鄉中小學因經費不足，買不起電腦設立電腦教室，進行電腦教育扎根的工作。台北市電腦公會在 90 年代初，就聯合生產個人電腦的會員廠商宏碁、大眾等，以對折的價格購買

數百部個人電腦，捐給數十個國中小學，建置示範電腦教室、洽談中華電信安裝網路，並開辦上千位中小學教師參加的「電腦應用訓練班」，儲備電腦教師。此外民間企業、團體在過去數十年之間，也透過多家個人電腦製造商、專業工程師等，組裝電腦，贈送給各地偏鄉中小學，讓偏遠地區的學童也有接受電腦化教育的機會。

甚至於，筆者擔任僑委會全球華文網資訊委員時，也曾遠赴美國各中文僑校集中的都會區，輔導各地義工教師，幫助建置電腦及網路，編寫手冊及提供各種中文教學軟體等，也將台灣這種電腦教學的優勢，推廣至國外地區，促成華文網路教育的興起。

Chapter 4

學李國鼎做事

KT 推動科技政策的前提

　　分析二戰後一、二百個國家建構現代化國家的過程中，高階領導官員的專業與無私，恐怕是成敗的第一個重要前提。當然，他們規劃下的政策有重點，有優先順序，最終總是研究如何在有限的資源限制下，發揮最大的綜效，關鍵就在於策略效益與行動效率。

　　李國鼎以以 70 歲高齡推動科技，卻能一步一步主導台灣這項新興領域走出一片天，如果沒有他前 12 年規劃台灣工業、財經計畫的豐富經驗，怎能既見樹又能見林？如果沒有他 11 年財、經兩部部長的歷練，又怎能釐清政府各部會、各級文官之間本位、保守、山頭主義的種種弊端，才能用對人、盯緊事，率領團隊一步步做出具體成績？只有到文官體系走過一回的人，才能有深刻的體驗，也才會了解 KT 被一些人批評撈過界的作風。不主動積極任事，事情可能就在原地踏步，毫無作為，一如近年社會都更政策遲滯、司法亂象一般，有志之士搖頭，問題依然遲遲未能徹底解決，以李國鼎的做事個性，是難以容忍的。

4.1 政策如何成就新產業

新產業從觀念到形成具體政策

「**願景**」，已成為近年來各個國家、企業發展必要的前提。早些年，所謂的亞洲四小龍，台灣、南韓、香港、新加坡高度的經濟成長，成了世界發展中國家的典範，那時候，並沒有什麼願景，只有經濟成長率和國民所得（GDP）是唯一追求目標。曾幾何時，脫離了貧窮，走上了富足，GDP 超越上萬美元之後，近來，隨著先進文明國家的腳步，開始追求所謂的幸福國度。不管政府制定的指標是什麼，最重要的是要落實，管理學上的 Plan-Do-Check-Act（PDCA），用在推動政府政策方面，原理原則仍然一樣。然而，自從台灣徹底民主化，兩大黨國民黨、民進黨輪流執政的 1992-2020 年間，這 28 年當中，還沒有任何一項新興產業成功建立。原因就在於制定政策過程過於簡化、粗糙，首長（行政院長、財經等部長）輪替頻繁、政策無法落實，再加上有實務經驗幹練的中、基層文官大量退休，導致執行面的空乏，是三大主因。天佑台灣！李國鼎自 1953-1965 年的前 12 年，歷經了生管會、美援會、經安會等階段的經濟專案擘劃歷練，每一項方案，都在聚集

有限資源，迅速達到目標成效，使得 KT 在擔任經濟部長之前，對於政策的制定——執行——督導跟催已經具備了豐富的經驗與能力，更重要的是他寬闊格局與視野的歷鍊。

KT 40 年的公職生涯主導財經、產業、科技政策無數，首先，我們來看他主導的政策如何形成。從 KT 擔任政務委員會的 1977 年起，政府開始有國家建設會、全國科技會議、近代工程會議、策略評估會議（SRB）這種邀集海內外專家、企業高層、政府官員等參與的大型會議。在會議前，KT 通常會約見海外專家，聽取他們對一些先進科技、市場趨勢、產業發展的看法，如果 KT 覺得有發展潛力，就會邀請這些專家進一步提出可行方案，然後交給國內相關專家或官員評估，初步可行，則送到上述全國性會議，作為討論議題之一，提供與會產、官、學、研各界代表討論，再匯集結論，成為新產業政策之基礎。

這樣的政策形成，匯集了不同專家看法，也經過一系列的正反探討，不只架構，人才、資金、市場、技術都是必然涉及、反覆評估之層面。正因為與會人士來自各個領域，有代表性，且提出之構想相當具體，因此政府部會負責主管目標明確，再根據會議結論之分工原則制定方案，如此，推動初期才不會有無所適從、處處請示、本位推諉的矛盾現象。

各部會權責單位研擬的方案，要區分人才、預算、階段、達成目標等，KT 的行政院科技顧問組專業幕僚會列表檢討比較，作為每半年一次會議，KT 會同科技顧問評估、修正的依據。

其次，政策的研擬與推動，最忌由高階官員指示，中層官員

承辦，最後卻落到低層官員規劃及執行，然後回頭再由決策官員根據下面擬出的極為粗糙、欠缺整體可行性評估的計畫，向全國公開推廣宣示。回溯台灣不同政黨主導下，所謂的「亞太營運中心」、「兩兆雙星產業」、「12 大建設」、「新十大建設」等，之所以無一具體成就，追根究底都是這種做法下的結果。

因此，政策要能有效，步驟應該是：第一，政策規劃──需集合產官學研共同反覆討論，形成共識與具體方案。第二，政策的管理──魔鬼都藏在細節裡，需要決策官員，善用專業幕僚群緊迫盯人，問題及要點處，時時刻刻銘記於心（KT 當部長時，隨身有本小筆記本，想到協調、交辦、查核事項，馬上記下來，回到辦公室立即追蹤或交待辦理），積極追蹤、隨時解決問題。如今的院長、部會首長需應付的事更多，如果沒有這個管理習慣，太多事情就這樣流失，鬆散片斷，到頭來沒有具體的成效。第三，決策官員掌握政策重點，貫徹始終，過程中有偏差要立即導正，步步排除推諉、遲延現象，才能事竟全功。

自動化政策為例

從本書前述石滋宜回國服務的例子，可以了解，當時李國鼎、孫運璿、趙耀東這三位位居要津的首長，對於凡是能幫忙提升國家產業競爭力的人才，都是求之若渴，想辦法延攬回來服務。以自動化政策為例，第一步，先聽石滋宜等專家的想法，提出建議方案；第二步，列入科技顧問會議議題，集合相關產官學研

各領域代表深入討論，導致最後結論；第三步，再思考誰最適合領導推動這個領域，以及採用什麼方式切入行動。

這個結論先送行政院核定後，再送相關部會編列預算。通常核定的是中長期的發展計畫（3-10 年），裡頭也有概括的總經費以及年度經費，但計畫涉及的各部會再逐年編列詳細預算，匯總至行政院，再呈送立法院審查。

兩位蔣總統時代，國會基本上是配合行政體系的想法行事，雖有不同的雜音，但並不影響計畫的運行。但是 1990 年代開放黨禁、報禁，改革國會，確立行政、立法獨立之後，百家爭鳴的大環境氛圍形成，立法委員的權力高漲，動不動就砍各部會的預算，使得中長期計畫不是那麼順利進行，坊間議論之士，常謂：把李國鼎放在今日政經環境，亦難做事為結論。

這樣的說法，只對了一半，更正確的說法是，2020 年之前的二十幾年，不管是國民黨或民進黨執政，沒有一項新產業成功的具體形成，創造上兆台幣以上的產值，原因何在？首先，對領導人才的定義不同。90 年代後執政者偏好找學界博士背景的人才擔任行政首長，或者是歷經選戰磨練，擔任民意代表、地方首長的人才負責部會首長要職，這些所謂的人才，其實很多都未經產業實務的歷練，未曾面臨國際強烈競爭的環境體驗，再進入行政體系服務，實務管理及執行力都不足。再者，總統制為首的內閣，動不動就更換行政院長以及關鍵部會首長，前述從延攬人才、形成方案、國家計畫、預算編列與執行的過程，要看到計畫開始有明顯成果，至少要 3 年時間，4、5 年更是必要，以此看來，從李

登輝、陳水扁到馬英九幾位總統下的行政領導，這關鍵的 20 年，我們居然在政府競爭力方面，屈居亞洲四小龍之末，實在其來有自。總統制為首的內閣制度，動不動就更換行政院長以及財經關鍵部會首長，所謂人在政策在，人不在位了，新任者又吹起一把新號，新政策運行經常斷層，對國家發展的負面影響不小！荒廢了多少新政策的推動？至今，有哪一項政策執行超過了3-5年，成為台灣今日的主力產業？上看年產值規模數千億台幣以上的新產業，在哪裡？

想想看，從延攬人才，到預算編列與執行的過程，要有明顯成果，前面三到五年的規劃執行是關鍵。這個道理，這麼多首長領導到底明白了嗎？資深文官們想必感受特別多，然而一旦升到文官最高位的常務次長，在坐等更上層樓——政務官考量之下，敢提出鏗鏘建言者又有幾人？更不要說，相較弱勢的中基層文官們，只能私下感慨不敢言，國家發展的契機，就這樣給磨耗消失了。

後記：從 2017 年起，政府開始大力推動的太陽能發電與風力發電，這項電力產業，在筆者看來，是數十年來由政府主導，有可能在 2026 年，成為產值超過千億元台幣規模的新產業。這個無中生有的電力產業供應鏈如何形成？關鍵在哪裡？也許到 2027 年，筆者出書再詳細說明。其實，從上述成功政策的分析裡，已可看出蛛絲馬跡。

政策形成的模式

當年八大重點科技的推動，對台灣而言，都是新興領域，要借重國外有經驗有格局的高階專家。李國鼎主導下的科技顧問組，12 年之間，先後聘請美歐十幾位重量級外籍顧問，及國內顧問若干人，初期運作時，每位外籍顧問的專長對應部會的功能，科顧組再協助追蹤協調。譬如：交通電信組的麥凱義顧問，對應交通部與電信總局；一般科技組的海格‧艾格漢和史博洛兩位顧問，對應國防部；IBM 副總裁鮑伯‧艾凡思對應科技相關部會及主管資訊電子產業的經濟部；義籍的柯倫寶與賽馳兩位顧問，對應一般部會及各科技研究單位。運作數年後，顧問們逐漸熟悉各部會的功能與科技相關能量，因此，後來改由各部會主動提出對科技相關研發建置需求的計畫，給顧問們諮詢與建議，使得科技顧問與國內各部會運作現況，更加貼合台灣發展科技提升工業升級的需要。

李國鼎主導財經、產業、科技政策無數，綜合分析，產業模式的形成，通常有兩種類型，分述如下：

一、主動媒合型

李國鼎從參與經安會、美援會到經合會（簡稱三會），前半階段 KT 是要角，但非主官，當時擔任主任委員的嚴家淦與召集人尹仲容，兩位都是李國鼎的老長官，也是他的貴人，他們兩位對 KT 的做事的積極負責、傑出的能力與效率都相當賞識，相知

相惜，一路重用、提拔，使得 KT 可以放手推動各種重要財經及產業方案。

這個階段，這三個組織都是擘劃台灣農、工業發展基礎的舵手，舉個例，美援物資如麵粉、棉花，大量物資如何消化？同時接受援助的幾個東南亞國家，不是轉賣國外，趁機圖謀私利，就是草草處理，KT 團隊做法就大不相同。他們找了民間有資金的企業人士輔導將麵粉加工，做為各種食品，將棉花化作紡織品，統一企業、大成食品、遠東紡織、中興紡織、這些後來相繼成為大型企業。

跨國企業 RCA、GI、OAK、飛利浦，60年代在李國鼎力邀、親自拜訪公司決策高層，詳細簡報、鍥而不捨的情況下，1965 年前後開始來台設廠，不僅創造了大量就業人力，而且為台灣培養了許多後來電子工業、外銷工業的技術、生產管理人才。

二、專家規劃型

從 KT 擔任政務委員會的 1977 年起，政府開始有國家建設會議、全國科技會議、近代工程會議、策略評估會議（SRB）這種邀集海內、外專家、企業高層、政府官員等參與的大型會議。在會議前後，KT 通常會約見海外專家，聽取他們對一些先進科技、市場趨勢、產業發展的看法，如果 KT 覺得有發展潛力，就會邀請這些專家進一步提出可行方案，然後交給國內相關專家或官員評估。初步可行，則送到上述全國性會議，作為討論議題之一，提提供與會產、官、學、研各界代表討論，再匯集結論，成為新產業

政策之基礎。

這樣的政策形成，匯集了不同專家看法，也經過一系列的正反探討，不只架構，人才、資金、市場、技術都是必然涉及、反覆評估之層面，正因為與會人士來自各個領域，有代表性，且提出之構想相當具體，因此，政府部會負責主管目標明確，再根據會議結論之分工原則制定方案。如此，推動初期，才不會有無所適從、處處請示、本位推諉的矛盾現象。

各部會權責單位規劃的方案執行成效要由行政院科技顧問組專業幕僚會列表檢討比較，每半年一次的會議，KT 會以科技顧問評估、修正的依據，加以督促改進。

具體政策績效：

1. KT 在三會時代最重要的政策，即獎勵投資條例、財經 19 點措施及外銷自由化等三大政策，可說是 1950-1965 年的 15 年，主要的財經政策。

2. 1965-1976 年，李國鼎經濟部、財政部兩部部長任內，加工出口區條例、引進外資和僑資條例、農技團經濟外交、農業科技改良、國營事業整頓等，皆為著名重大經濟策略或方案。

3. 財經政策方面，四大財收政策包括：所得稅法、遺產稅法、關稅法、贈與稅法都在當時制定實施，國庫集中支付制度更是解決政府各部會、各級政府收支的一大創新。

4. 八大重點科技政策最終資訊電腦產業、半導體、光電科技三大領域勝出，如今每年為台灣創造的經濟產值三、四千億美元，從業人口近百萬人，即使其他幾項重點科技如精密機械、航

太、生物科技等，雖然未能成就一大產業，但也爲整體工業環境厚植各種技術基礎。

三大會議塑造具體政策

人們常說會無好會，政府官員近年會議文化充斥，民間企業有些也一樣，會議主其事者，要不想推卸責任，要不只是爭取認同，甚或爲了讓上層得到廣納雅言的印象，把許多不同部會的單位主管找來開會，這些現象就造成了主管有開不完的會，跟催、思考的時間都被剝奪。

李國鼎卻不然，跟過他的部屬都知道，KT 是行動派，最討厭官場推諉、召開沒有目的的會議，在他主導科技的時代，他善用三種全國性的會議，促成了重要政策的形成，進而督導、執行以畢竟全功。

這三項會議就是：國建會（國家建設會議簡稱）、全國科技會議、以及科技顧問會議，分別詳述於后。

國建會

自台灣在 1971 年退出聯合國後，人心惶惶，蔣經國有感於此，爲了穩定民心，引導新氣象，遂指示時爲行政院長的孫運璿召開國家建設會議，這個會議邀請的對象遍及各行各業、海內外專家、學者、政府官員、民意代表等，會議目的固然是集合眾人經驗智慧，爲國家提出具體發展的建議，所以結論涉及範圍很大，

有些提案因討論時間短促,或某些碩老的堅持,不免天馬行空,但是它也達到了以下成效:

· 檢討現況,建立大家對發展的共識。

· 吸引海外人才歸國服務。

· 對後來的科技政策給予補正、支持的力量。

這個會議所形成的結論因非常設機構,也沒有約束力,所以很難有具體推動的力道,然而在凝聚民心、增加海外專家學者向心力方面,確實收到了相當大的效果。

相對的,以下兩會議對台灣科技的發展,就發揮了舉足輕重的宏效。

全國科技會議

1978 年擔任政務委員的李國鼎有感於台灣的科技一直沒有發展起來,在行政院蔣經國院長聘任他為**「行政院應用技術發展研究小組召集人」**後,即計畫召開全國科技會議,集合國內外專家學者大家的智慧研討,獲蔣經國支持後,經過短暫的籌備,同年元月即召開第一次的**「全國科學技術發展會議」**,這次會議最重要的成果之一,就是制定了**「科學技術發展方案」**,在這個方案中有四項重點工作推動方向:

· 發展四大重點科技(資訊、材料、生產自動化與能源)。

· 成立行政院科技顧問組及科技顧問制度。

· 創設新竹科學工業園區。

· 大量延攬及培養海內外專家回國創業、就業。

由於會議及方案是在蔣經國充分支持下啟動，於是這四項重點即成為台灣具體科技政策的開始。後來全國科技發展會議每四年召開一次，1982 年 11 月召開的第二次會議，又有三項重點方向：

- 增加生物技術、食品科技、光電與 B 型肝炎防治四項重點推動科技。
- 將全國科技預算從占國民生產總值的 0.6%提升至 1%。
- 加強延攬及培育科技人才方案。

科技顧問會議

當時，在 KT 領軍之下，科技顧問組是全國各部會科技方案執行預算的決審單位，本來它是一個任務編組（Task Force），行之多年之後，卻成了常設機構，它主要的功能其實只有一項**核心：形成科技政策，並付之執行、督導其成效**。因此，除了 KT（政務委員）本身，另加執行祕書是專職，其他專業幕僚團隊，都是從工研院、資策會借調而來。

透過全國科技會議及每年二次的科技顧問會議，匯集許多海內、外專家的建議，就有了**八大重點科技政策**的出現，它包括了：**資訊、材料、生產自動化、能源、生物技術、食品科技、光電與 B 型肝炎防治**。

管理啟示：

當年這三項會議，每次約 3-5 天時間，並依照重點領域的不同，分組討論。來自國外學有專長的華裔專家、著名科技決策人

士大量的參與，成了大會重要的特色。遠來和尚唸的經果然不同凡響，帶來了許多新技術、新市場的先進想法或管理上的創新，有時不同的專家意見不一各自表述，也讓會議的進行，同中存異，異中又求同，最後取得與會人士多數贊同的，就列入重點項目。

管理關鍵：

會議是否能成功，會前的溝通、議程題綱與分組的設計、與會人士的選擇都非常重要。因此，必須召開會前會，邀集代表性人士，徹底討論，做好規劃，主持者能否讓參加的人，暢所欲言又能掌控會議進度，歸納具體結論，實是關鍵。

管理績效：

此三大會議產生以下具體綜效：

- 是政策創意構想的試煉地。
- 培養產、官、學、研各界專家的共識。
- 督導各部會，使權責單位無所推卸，認真執行。
- 發掘人才，推廣國家及政府形象。

李國鼎的領導能力

將才的養成是國家大事

根據科學家的研究，一個人的領導能力，不是先天擁有的，而是後天環境磨練下的結果，有的人終其一生在帶人方面離心離

德成了孤鳥，有些人卻會群策群力善用每個人的專長個性，讓他們在對的位子上發揮所長，陳誠、嚴家淦對李國鼎的識人適任，就是管理學上一個活生生的具體例子。因為我們的五權分立體制，使立法委員有干涉的權限，卻沒有太多的言責，負責任的官員不受尊重，立法委員的質問也不專業。可是，不要忘了，當年的立法院與監察院的委員們跟今天一樣，也有免責權、也有咄咄的質詢權，甚至於還會耍陰險的小動作，設計彈劾負責任有能力的官員，計畫階段的 KT 如果不是長年受陳誠跟嚴家淦這把大傘的刻意維護，早就被立委諸公 K 得滿頭包，辭官不做了。

根據筆者長年對 KT 的近身觀察與採訪多位重要部屬所得到的綜合結論，李國鼎的領導能力有三個特質：

第一：他不斷吸取知識，提升分析、解決問題的能力

筆者跑科技新聞的 1982-1990 年，正是李國鼎大力推動八大重點科技的時期，這八項科技項目包括：能源、生產自動化、資訊、材料、光電、生物科技、肝炎防治、食品科技。後來在 1986 年的國家科學技術發展十年長期計畫中又增加了：環境保護、災害防治、同步輻射、海洋科技四項成為 12 項重點科技項目，當時有人批評，項目太廣等於沒有重點，這話也有點道理。不管如何，12 個項目，所牽涉的知識何其廣泛，要列為政策又何其專業也，李國鼎以當時年齡 67 歲開始推動，79 歲退休，這樣的高齡，光是要了解幾項科技領域，一般壯年人尚且不易，他是怎麼做到的？

首先，他會請當時該領域的專家寫一、二頁文件，親自向他

說明，對談過程中 KT 會專心傾聽並提綱挈領的發問並做筆記，事後有疑點或需再思考的地方，他會請國內相關的專家或幕僚提供看法（並且盯得很緊，幾天內就要有回覆），等他看了相關人才專家的意見後，如果大多數人說得清楚並做正反面分析（跟著 KT 做事的人都知道這是基本要求），那麼 KT 會決定下一步是否要請這個專家，提進一步完整的方案或建議，然後列為下一次科技相關會議探討的主題之一。

這些會議來自產官研各領域的專家學者企業人士，深入討論的過程中，有時是 KT 主持、有時他旁聽，如此他對這項科技議題涉及的各個層面已有相當深入的了解，基於他在劍橋求學時奠定的科學推理、分析習慣，以及在他職場前半段講求效率的實務經驗，他善於系統性思考及分析，迅速抓住重點及推動關鍵因素，凡跟他共事的部屬都自嘆不如。

第二：他慧眼識英雄培養優秀團隊

KT 一生用人的原則就是「會做事的人」，而這個所謂的會「做事」簡單來說就是：有能力、積極又負責任。在 KT 底下庸才是待不久的，做事推三阻四不夠積極，那更是不行，像這種人，他無法和稀泥坐視不管。記得剛當上經濟部長初期，他不礙於情面，就將次長、主任祕書幾位重要幹部換掉，換上被他考驗過又具有以上做事特質的人才。

跟著 KT 做事的部屬或專家學者，都有相同體驗，即他做事很急，到70歲時，走樓梯兩步當一步，找要看的資料，總是祕書幾

十分鐘內，就要幫他找到。那時候，中國時報集團有建置豐富完整的剪報資料庫，所以好幾次，筆者幫他祕書找到 KT 要的資料，傳給她。國外專家給 KT 的簡報，他會請祕書拷貝幾份，分送給周圍他認為對這主題有概念的相關部屬或專家。拿到這種簡報條子的人，通常都知道，KT 說好幾天後給他意見，卻是才隔一、二天，就催著要，所以共事久的這些人，都會在收到 KT 條子後，在最快時間內，把意見寫好，準備隨時給他。因此 KT 的字典裡沒有「事緩則圓」這四個字。

正因為這種重視團隊專業意見、講求團隊效率的精神，KT 才能在他每一任的行政位子上完成那麼多的事。

對於選用人才，KT 的說法很形而上，他說：「**我想，自己能夠發現好的人才，這一切應該歸之於上帝給我的智慧，和我的信仰很有關係。**」（註 1.2）

第三：他替國家挖掘、培養大量人才

很少官員能像李國鼎那樣，了解人才對推動產業發展有著唇齒相依的緊密關係，政府的政策實施，如果事先沒想好「人才哪裡來」的供應問題，那麼一切歸於白談。

本書前面提到的「進口替代」，或者 KT 剛接任經濟部長時推動的「加工出口區」、「引進外商電子業」，無一不需要大量的作業員、技術工人、工程師。老蔣總統的九年國民義務教育，順勢補充了大量的基礎人力，各縣市普設的師專，供應了國中小學大量的師資需求，由於師專教育的特色——五年培養師資教育的

一切學雜費、宿食費由公家負責，因此，讓許多農漁牧的優秀窮鄉子弟，有了進一步求學的機會，也改善了許多家庭困境。這些1960-1985 年培育的大批師資，因為養成教育非常完整、多元，身教與言教並重，他（她）們散布全省各縣市、窮鄉僻壤，無疑的，從 1960-1990 年，為台灣社會培養了大量人才，打下身心各方面的良好基礎。從這裡可以知道，一項好的、執行徹底的政策，產生的正面效益多麼的廣泛、深遠。

1970 年代，位在北部培養無數技術人才的「台北工專」研擬升格為「技術學院」，讓該校成為完整的技職大學，用意良善。然而，這個案子主其事的教育部，送到行政院的院會討論時，遭到時為財政部長李國鼎的強力反對，為什麼？KT 在會議中據理力爭，他的看法大致是這樣：台北工專為當時數十所公私立專科學校之首，帶動工專技職教育的良好典範，如果這個火車頭升格為大學，那麼工專專科教育的水準因為沒有典範，水準將大為下降，對剛發展起來的工業，需要許多優秀技術人才的發展將十分不利。因為這一席話，台北工專就被留在原地，教育部從善如流，另外成立一所「台灣工業技術學院」。對當時台北工專包括筆者在內的師生來講可能有點失望，流失了立即升格的機會，但是，事後的發展確實證明李國鼎的高瞻遠矚。工專的水準一直維持到 90 年代後，教育部開放所有工、商專申請升格為技術學院或科技大學，並且廣開辦學大門，使得科技大學水準才每況愈下，近幾年，排在末端 20% 的學校招不到什麼學生，就是教育政策、辦學人士缺乏遠見下的結果。

發展八大重點科技時，李國鼎的政策配套裡，一定把培養該領域的重點人才培育，列入其中。例如：為了推動光電工業，他建議在中央大學等設立光電研究所即一例。尤其，四年一期的「電子技術發展計畫」在 1970-1985 年代，紛紛鼓勵交大、台大、清大、成大等國立大學，廣設電子、資工、材料、機械等系所，為後來台灣的電腦產業、半導體產業、光電面板產業預先培育了大量相關人才，讓這些新興科技產業人才供需無虞，才能在 1980 年代開始成長迅速，取得全球發展領先的前置地位。

相對於中高階的技術、管理人才，因為我們早年的開放式留學教育政策，鼓勵理工管理相關系所大學畢業生，到國外繼續深造，使得 80 年代起，我們台灣走向研發、高品質的工業方向時，已在美國蓄積了至少將近十萬的科技人才。這些人才在美國或歐日工作多年，具備相當能力經驗，正是為我所用之際，然而人往高處爬，水往低處流，他們在美國大企業坐擁高薪，幹嘛回到相對還屬中低薪、研究環境未上軌道的台灣？

關鍵就在於：李國鼎與孫運璿已塑造一個良好科研環境的起步式，新竹科學園區、工研院、資策會這三大單位起碼可養得起上萬的電腦、電子、資訊、光電、材料、電機、機械及管理人才，可以從事創業或研發工作，薪資雖然不及美國同階的一半，但是物價消費及稅負也不到美國的一半，如果加上分紅配股等，台灣科技產業的特有的薪資獎勵方式，可過個不錯的日子。更重要的是，KT 透過「創業投資獎勵方案」鼓勵各界建置創投基金，筆者猶記得，每隔一、二周，總會有跟創投相關的新聞上報，在國內產

業界興起了一股集資創業的熱潮，沒幾年就把新竹科學園區第一期廠區用滿，讓管理局緊接著籌劃第二、三期擴建計畫，園區一片欣欣向榮的景象，筆者每一、二周到園區採訪，看到到處都有新廠房興建中，於是乎，科學園區到了 90 年代就成了亞洲各國、包括中國大陸爭相參觀、學習的對象。

除了創投獎勵條例外，KT 那些年常跑美國東西兩岸，舉辦演講、接見學人專家，並透過科技顧問組、經濟部等單位的安排，邀請許多專家人才回台灣考察，把台灣這種類似美國矽谷的繁榮景象映入他們的腦海，回到僑居地後，一傳十、十傳百的傳遍美國各地僑界、科技華人聚居地區，啟動了一批批歸國學人專家回台創業、就業，這種善於運用媒體及活動的動員力量，也是李國鼎、孫運璿、趙耀東等的具體貢獻所在。

4.2 專訪關鍵人士全面解讀李國鼎

　　KT 職場一生 40 年，尤其在計畫階段、財經兩部部長任內，接觸了國內外無數的企業家、官員與專家學者，與他共事或合作的各界菁英，不計其數，筆者欽仰的劉素芬女士撰寫有關李國鼎的書籍裡，有非常多的描述。因此，為節省讀者的時間，不在這裡一一贅述，就只拿筆者跑科技新聞與 KT 接觸的 16 年，曾經與 KT 共事的官員與企業家，訪問他們，用他們的第一（或第三）人稱看法，來闡釋 KT 的為人處事。

沒有李國鼎就沒有台積電（訪問張忠謀）

　　講到張忠謀從中國大陸成長，到美國求學，拿到史丹福大學電機博士學位後，進入美國半導體產業做事 20 幾年，卻因意外的機緣到了台灣，展開了他人生新事業，做到令全世界企業刮目相看，帶動了台灣成為一個世界級新產業的龐大王國，真是一連串的偶然啊。

　　這個偶然的過程中，影響張忠謀做了到台灣就職的決定，開啟他個人精壯的黃金歲月，全力在台灣這塊土地打拼，究竟何人

有此魅力呢？那就是當時的行政院長孫運璿與政務委員李國鼎兩個人，尤其因為李國鼎從頭到尾的起頭與支持，使得台積電終於興辦成功，最後還成為全球第一晶圓代工產業地位。

（以下採訪以第一人稱敘述）

鏡頭回到民國 74 年。1985 年 9 月之後二、三個禮拜，李國鼎要我去他在行政院的辦公室，這個辦公室很小，他當時找我談如何解決三家 IC 設計公司的需求，這個需求就是要回應他們三家要求投資設立生產工廠，兩人討論了之後，李政委要我規劃一家半導體公司來滿足三家需要，事實上，三家都是做記憶 IC，而我當時的理解是，晶圓代工（foundry）不適合做記憶 IC。

但是，李政委的這個要求，倒是引起了我對晶圓代工產業的創辦理念。當然啦，後來的發展不一樣，到 1995 年時，台積電、聯電都有做 DRAM，所以，晶圓代工也適合做 DRAM。

在行政院與國鼎先生討論後，我問計畫什麼時候提？他說大概兩周的時間後提出來吧，沒想到，隔了幾個小時從台北回到新竹工研院，就接到他的電話，說俞國華院長已排出時間，三、四天後，就要聽簡報。因此，就與當時工研院副院長胡定華、電子所所長史欽泰一齊商量討論，尤其是胡定華幫了很多忙，我們做了幾頁的計畫，重點是設立一家純代工的晶圓工廠，幫助客戶生產 IC，不與客戶競爭。

俞院長的這個簡報當然是李政務委員要求的，院長並指定了當時的經濟部長李達海、財政部長錢純（掌管行政院開發基金）、經建會主委趙耀東、國科會主委陳履安及張忠謀組成了五

人小組，來評估這個計畫。

　　所以，台積電的創立計畫，並不是外界所說的送到行政院院會通過，而其實是由俞院長當召集人的這個五人小組幫忙評估。

　　這個小組當初第一次討論的主要是成立一個純晶圓代工廠（pure Foundry），至於資本額要多少，並沒有談，也許是一個大約的數字，這個報告大約是半小時左右。當時，俞院長聽完簡報後，並沒有表示特別的意見，其他的人也沒有竟見，包括趙耀東部長在內，大多持支持態度。

　　很快的過了兩天，李國鼎就打電話給我，說真想不到俞院長那麼快就支持了，其中假使有波折的話，我是在李偉（見《基督精兵：國鼎先生與我》一書，李偉著）的書上看見，當然，所謂支持也不是決定，而是成立一專案小組（Task Force），請李國鼎主導這個小組，也就是扮演主角，深入研究我的這個構想。

　　這樣的小組運作二、三個月後，中間我也提了投資多少資本額等的創業計畫書（Business plan），裡面包括了 3 到 5 年的營運規劃，多少資本，做什麼用途，商業模式（Business model）又是怎麼樣、純晶圓代工不與客戶競爭的主體思維等。

　　台積電初期需要的資金，絕大多數是我去接觸投資的，最早，俞國華院長親口向我指示，要我先找一家技術導向的跨國企業合作，讓他來投資民營資本 51% 中比較大的比例，例如 20%、30%，然後其餘的股份，再請李政委（國鼎）、李部長（達海）來幫忙找。

　　後來的發展，我寫了十幾封信左右，寄給歐洲、美國跟日本

的公司，像 Sony、Miasuishita、王安電腦、德州儀器（TI）、英特爾（Intel）等。之後的一周，就開始收到回信，大部分都有回，只有兩家公司沒回信，其中飛利浦（Phillip）可說是反應最積極的一家公司，而英特爾及 TI 也表達了興趣，並要我飛去美國向他們簡報。TI 我去了兩次，頭一次，我就將整套商業營運計畫向他們說明，第二次他們就告訴我公司沒興趣；英特爾去了一次，在聖搭科拉是 CEO 奎克貝拉親自聽取簡報，這是當時的高登．摩爾董事長親自指定他的，頭一次，談了兩個小時。我把創業投資計畫、商業模式等資料都留給他了，他說會考慮，等了很多天，他都沒有回音。於是，我就打電話給他，找到他，他表示他們現在沒有興趣投資，因此，兩家公司都親自見面並回掉了，其他幾家公司則直接回信表示不投資。

事實上，1986 年對全世界半導體業來說，是個很壞的一年，提出台積電的創業計畫，時機並不太對。

回頭來看飛利浦，當時這家荷蘭企業雄心勃勃，想到亞洲來發展，它是一個相當老成持重的跨國公司，在半導體領域的技術當時還不是那麼行，但是在跨國經營方面，卻很有經驗。1986 年之前，就到亞洲來投資，大陸那時候剛開放，於是就先以台灣為目標，從報紙上看到了台灣有一個百億元 VLSI 半導體計畫，台灣飛利浦總經理（羅益強）原先就與李國鼎很熟（筆者按：李國鼎當經濟部長時，幫了飛利浦很多忙），於是羅益強就直接去找李國鼎，表示有興趣投資這個計畫。

雖然，當時行政院俞院長說行政院開發基金可以投資 48-

49%，但是按照行政程序，經建會要召開會議通過，1986 年 1、2 月的時候，趙耀東主委在少數人反對下，也讓開發基金通過投資台積電專案。

1985 年 12 月，很冷，李國鼎專程陪我去拜訪飛利浦總部，李國鼎在與飛利浦接洽、投資過程中，從中幫了許多忙，但是簡報、準備資料等，基本上由我負責。記得頭一次在荷蘭，還見到該公司的創辦人的孫子（當董事長），除此之外，還見到飛利浦的 CEO、總裁等，後來 1986 年時，我又飛去了幾次，直到 6、7 月他們同意投資為止。

這裡頭有意思的是，飛利浦一開始時，也不覺得我這個計畫可行，但是對台灣政府大力支持這個計畫卻感到興趣。

這中間也有很多波折，飛利浦提出了很多苛刻的條件，其中有一個條件我們絕對無法接受，是什麼呢？就是飛利浦在全世界蓋了許多工廠，它要求我們將台積的工廠委託他們設計及建廠，這我絕對不能同意，所以我就跟五人小組報告，那個時候，經建會通過這個專案後，李國鼎表示他已協助完成，不再參與，但是事實上，碰到問題他還是協助解決。

五人小組當中，李國鼎、趙耀東、李達海三個人都會幫忙打電話給其他可能的投資人，在飛利浦公司決定投資後，我們開始尋找其他投資人。過程的模式是，先由他們三人中的某一個人打給特定對象，表示政府要興辦一家大半導體公司，政府希望你們能支持並投資，工研院張院長（忠謀）會跟你們接洽，並做簡報，因此，就去了許多地方做簡報。有沒有積極接觸，卻沒投資的企

業呢？有。

其中，最特殊的就是台塑企業的王永慶，我一共去了三次，是跟副院長胡定華一起去，前兩次都是吃飯，我們兩個人，台塑連王永慶董事長在內有 8 到 10 個人，大都是總管理處幕僚，大家一邊吃，一邊談。從他們問的問題可以了解，他們不懂半導體領域，不只是技術不了解，跟這個行業有關的經營知識如財務等，也不懂，例如現金流，資產轉換（turn over）等。

吃了二次飯後，王永慶打電話給李達海部長，說他們不投資，李部長趕緊向俞院長報告，俞院長親自打電話給王永慶，說政府過去也幫過台塑不少忙，這是政府政策，需要台塑支持。

所以，第三次，是由王永慶跟我一對一的對談，他說，你幹嘛要幫政府做這種事？台塑對大的投資案一向是自己主導，王董甚至說，張先生你來幫我做，我一個月付你 1 萬美元。他不知道我在美國已經是年薪 24 萬美元，在台灣工研院服務，薪水已經是大打折扣，回來，主要是選擇工作生涯新方向。

話說回來，當年回到台灣，以為是在工研院幫台灣一個忙，沒想到後來的發展卻是在台積電幫台灣一個忙，這確實是我生涯的一大轉折。

有幾家倒是蠻溫馨的，譬如張植鑑先生（台聚石化），他聽了我的簡報說，由你來主持這家公司，我可以放心。

還有聯華石化苗育秀先生聽了我的簡報後，也覺得很好，事後，跟他兒子，也就是苗豐強表示，張忠謀這個人做什麼事你都可以投資，在場也問了一些問題，尤其，苗豐強先生因在英特爾

做過，所以問的問題很深入。

就這樣，大大小小的公司找了好幾家，除了飛利浦占最大股以外，包括了台塑、聯華石化、台元紡織等，但是還是湊不齊民間必須的 51%股份，只得再從國營事業轉投資的中美和、國民黨黨營事業耀華玻璃、中央投資等著手，除了台塑及中美和各占 5%以外，其他的公司投資占 1 到 3%不等，終於湊齊 51%。

2、3 年後，我聽到經濟部的官員跟我說，李達海部長向他們講，你們經濟部同仁一天到晚跟我做簡報，應該學學張忠謀，看他怎麼做簡報，李達海表示這是幾年來他聽過最好的一次簡報，講的清清楚楚，簡單明瞭。

KT 是台灣 PC 產業最佳推手（訪問施振榮）

講起李國鼎與施振榮的淵源，就要談到 1976 年剛卸下財政部長的李國鼎，以行政院政務委員身分，頒獎給施振榮——這個獲得十大傑出青年的年輕人，吸引了 KT 的注意，尤其宏碁公司代理微處理器這麼新的科技產品，正符合李國鼎追求新創意、創新產業的一貫想法，當年還去這家小公司的展覽攤位參觀，留下深刻印象。

其後的 26 年，一直到老人家過世，宏碁不斷的呈現高成長、壯大，與李國鼎的關係相當密切，隨手可舉幾個例子。

（以下採訪以第三人稱敘述）

宏碁接大訂單

宏碁集團第一個個人電腦代工大定單來自美國的 ITT 公司，它的負責人李信麟找上 KT，於是 KT 就找了宏碁與神通兩家年輕的公司來代工，施振榮就另成立明碁承接 OEM 代工單子。

接歐美個人電腦相關產品 OEM 的單子，量大，金額大，企業很容易壯大，但是大訂單光備料就需一大筆資金採購，以宏碁當年辦公室還是租來的規模，如何能籌足數億元購料資金？施振榮不得已再找 KT 幫忙，KT 要他拜訪第一銀行董事長梁國樹等金融機構，就這樣解決龐大融資的問題。

坦白講，1970 年代的銀行是有名的晴天借傘，雨天收傘的保守習性，如非李國鼎出面推薦，這些大銀行何敢冒此風險？當時宏碁股東已決定辦理增資，不過增資需要一些時程，因此在增資前請他出面幫忙推薦。

但是宏碁也沒讓李國鼎失望，不僅順利還款，生意越做越大。

其實宏碁在新竹科學園區時，就和交通銀行與國際商業銀行等金融機構建立起良好信用，成為他們在園區的最早客戶。

幾年後（1984 年），宏碁在新竹科學園區的廠房發生了大批 IC 失竊的事件，事件發生後，交通銀行與國際商業銀行二家金融機構都很支持，立即提供購料資金的額度。

當時擔任立法委員的簡又新在立法院提出質詢，KT 介入，找了刑事警察局大力投入偵查，沒幾天，旋即破案，也免去宏碁 OEM 訂單停工待料的危機。

IBM 權利金事件

　　1985 年左右，宏碁輸往美國的個人電腦發生輸出入作業系統（BIOS）侵犯智財權的事件，整批個人電腦被扣在美國海關動彈不得，在 IBM 出面協助下，退回此批貨，並協助工研院開發沒有侵權的 BIOS。

　　1980 年代，台灣資訊產業才剛興起，對於智慧財產權的概念一知半解，可以說，是讓歐美廠商予取予求的階段，從光是桌上型個人電腦 IBM 一家公司，就擁有一萬多項專利，形成專利網，就可證明，我們的廠商怎麼自行設計研發，就是避不開這些外商專利布局，也就是說，不繳納高額的權利金，產品就別想輸往歐美市場。

　　當時，IBM 開了一個天價，每部 PC 需繳納專利使用權利金高達三位數之多，如果照這樣的權利金支出，台灣廠商就無利潤可言，也就沒有後來的研發規模，也就沒有今天熟悉的龐大規模的電腦產業產生。

　　李國鼎以領導科技的政務委員身分協助時為電腦商業同業公會理事長的施振榮，結合 43 家業者展開對 IBM 的談判。當然，新聞界也發聲支持業者，對跨國公司在智財權領域，占盡優勢的不公平情勢加以批判。如此舉國之力同心一致，使得 IBM 最後只好讓步，每台 PC 繳納權利金降至兩位數的水平，每家廠商因數量、規格不同，或有差異，但是比起最早時的要價，已是天壤之別。也因此，廠商有了利潤，數量越做越大，二、三十年後，相較傳統產業來說，我電腦電子廠商規模，前十家動輒上千億台幣營

業額，百億上下的廠商居然也有近百家，成長數十倍，如果沒有KT 的斡旋，如果 IBM 當初堅持高權利金，那麼，台灣電腦電子產業下游組裝廠商難以迅速壯大，中上游零組件、半成品廠商也無以跟著水漲船高，整個供應鏈的形成怎可能傲視全球呢。

施振榮談 KT 的組織領導

　　李國鼎一生接觸來自產業、學術、跨國企業、研究單位無數的人才，由於他個人的魅力，來自各方的人才都會向他靠攏，而他也在共事接觸過程當中，不遺餘力的觀察、培養、善用這些人才，所以四十餘年公職下來，成為中華民國開國以來，培養出最多能幹官員的一位首長。

　　另一方面，從美援時代起，從如何將台灣由農業型態轉到輕工業，進口替代，到發展出口，到扶植高科技產業，他也是台灣近六十年來協助創造最多企業人才、最多老闆、橫跨創造最多產業的靈魂人物。

　　KT 所以有能力做出這麼多的成就，施振榮認為，組織與貫徹，是其中成功的元素之一。他提到，李國鼎善於把心中想的事，先具體化，然後跟相關單位、人員溝通，最後再系統化的分工下去，但從管理觀點，這還是慎於始而已，最重要的，盯對人、盯住執行階層的進度、然後盯到績效出來的徹底態度。

　　也因為這樣的組織領導與管理能力，終其一生，李國鼎才能做出那麼驚天動地，讓所有人士深入了解之後，瞠目結舌的成效。

就如國內盛行二、三十年的「科技替代役」這件事，施振榮分析，KT 就是善於動員資源、分工的一種組織表現。因要讓學理工的人才不要在服兵役的一、二年中，專業斷層，浪費資源，就要有具體構想，然後想辦法動員教育部、國防部、科技部門、以及其他單位齊集一堂，聚焦討論，訂出可行辦法，立即試辦，試辦過程再將原先未涉及的項目修正，使各單位推動流暢，逐漸的，就會產生績效。

　　這中間的環節，只要有一、二個地方沒貫徹或盯住進度，事情就被拖住，李國鼎往往會在這個節骨眼，盯住負責的主管，很客氣的提供他解決方向。會隔一陣子，再觀察進行了沒？如果來那麼兩三次，主辦單位還沒動靜，KT 就會對承辦主管不客氣了。不過這樣的情形很少，畢竟以李國鼎多年當過財經部長的影響力，他彎下腰來跟中基層主管溝通時，對方的反應，多半是受寵若驚，不敢怠慢，假使是他們的長官拖延，KT 也不會為難他，而善用技巧往上溝通。這種鍥而不捨的精神，加上即便下班回到家，仍是一心一意在想公事，也常一個電話打到部屬家裡，繼續追工作進度的這種夙夜匪懈的精神，正是李國鼎可以為台灣做出這麼多大政策成果的基本原因。

　　看看今天的官場，施振榮認為存在兩個問題，第一個是公務員上上下下都被法規給綁死了。法令並非不能改，而是害怕其中的繁複與困難，行政規定因循苟且，常常會計單位、審計單位一個不行，或違反規定，事情就擱置一旁。決策官員太忙，太怕事，事情就永遠推不下去，所以，我們說有為有守，現今官員大都守

住了，卻毫無作爲。

勇於突破現狀，勇於衝擊現有推卸、推諉，不敢授權、不敢承擔責任的現象，才是一個優秀的官員，才能爲國家做出一些事來。

另一個問題是領導缺乏遠見。下面詳述。

最欽佩 KT 的胸襟與遠見

問到對 KT 做事的態度與組織能力之外，最欽佩他爲人的地方是什麼？施振榮以爲是 KT 的胸襟與遠見。他說，近 20 年文官、政務官所以變弱，其中一點，就是官員沒有磨練的政治舞台，以李國鼎進入部會機關之前，已有 20 年在企業及計畫單位的工作經驗，既見樹又見林，解決無數問題的過程中，學習抽絲剝繭的功夫，累積許多失敗經驗，看到許多資源整合、利用的解決方法，練就了一身做事的本領，這樣的舞台十分難得。

施振榮說，李國鼎的學習格局是多元的，談產業競爭力是國際觀的。KT 心中只有國家，只有未來，一輩子都具有強烈的使命感。在另一方面，在他帶領之下，又有極能幹的一群技術官僚襄助他，而這群幹才，又是 KT 多年來培養的結果，這種良性循環，就是國家之福。

更重要的，李國鼎因爲這種總體面擘劃的多方面經驗累積，加上解決許多個案的過程所建置的能力，才能具備如此遠見的功力。

作者撰寫宏碁施振榮創業的著作（1987）。

不要談無力感，而要問你能為國家做些什麼？（訪問史欽泰）

擔任過工研院院長、董事長的史欽泰，可說是 40 年前，先後跟著孫運璿、李國鼎，台灣發展半導體產業從頭到尾參與並見證的關鍵人物之一，上述標題，是勤寫書法數十年的史欽泰，摘自孫運璿先生的人生期勉語。

（以下採訪以第一人稱敘述）

台灣半導體產業，今天能有這麼舉世矚目的傲人成就，一開

始有兩件事促成。第一件事，就是民國 63 年（1974 年）2 月，一場花了 400 元台幣的早餐豆漿會議，掀開了台灣積體電路工業發展的序幕。那場早餐會的參與者，包括：行政院祕書長費驊、經濟部長孫運璿、交通部長高玉樹、電信總局局長方賢齊、電信研究所所長康寶煌、工研院院長王兆振與時任職美商 RCA 研究室主任的潘文淵，共 7 人，由潘文淵提出分析簡報，會議討論後決議發展積體電路（今天統稱半導體）計畫，重點包括：孫運璿從經濟部撥一千萬美元、由工研院執行計畫，並由潘文淵著手規劃「積體電路規劃草案」。

另一件事，就是當年的 10 月，孫運璿赴美，在潘文淵家中，召集了留美半導體業傑出的 7 位華裔專家，開會後決議成立電子技術顧問委員會（TAC）、發展 CMOS 製程、撰寫技術合作邀請函和對美合作廠商進行遴選，共四項。

第二件事其中的一項決議，促成了四批年輕半導體人才赴美國 RCA 受訓，後來成為台灣半導體產業發展的中堅骨幹，比較為外界所知的包括：楊丁元、曾繁城、曹興誠、章清駒、宣明智、劉英達、蔡明介、史欽泰等人，楊丁元是分四批共四十幾人中的總領隊。其中第一批新澤西地區小隊有謝錦銘、蔡蔡明介、林緒德、王國肇等人，主攻 IC 設計，領隊楊丁元；俄亥俄州地區小隊有曾繁城、劉英達、倪其良、陳碧灣、戴寶通、邱羅火等人，主攻 IC 製程，領隊是史欽泰；章清駒則負責加州地區小隊，主攻 IC 測試技術，學員有謝開良、萬學耘等人；最後一小隊主攻設備研究，領隊許健則帶著林衡、黃顯雄等人在佛羅里達州。

這批專業人才赴美之前，多數已有積體電路相關的經驗，所以到了美國受訓，目標清楚，學習的效益特別強，同時觀察美國半導體產業的經營管理模式。回台後，配合李國鼎先生在財政部長任內，推動的「創業投資」政策模式，資金募集相對容易，新竹科學園區興建完成不久，提供的標準廠房，對初期創業的半導體公司也很方便，減少許多建廠的困擾，因此，他們創業成功率比率很高。

我個人回國後，雖然沒有往產業發展，一直在工研院做事，但是在電子所副所長、所長、副院長任內，參與協助創辦聯華電子、台積電兩家企業，將電子所發展的積體電路技術、人才，順利移轉到這兩家新創半導體公司。聯華電子是當時竹科園區第一家自建廠房的半導體公司，此外，上述四批受訓人才，分別結合不同專長團隊，各自成立公司，在半導體設計、製程、設備、測試等各大領域，深化專業水準，數十年下來，成為台灣半導體產業先頭部隊，他們也都成為國內外著名的專家，為台灣今日舉世羨慕的半導體產業，立下汗馬功勞。

孫運璿院長在台灣半導體產業的發展中，擔任很重要先發投手的位置，在他主導下引進潘文淵等 7 位留美積體電路專家，組成 TAC 委員會，完成了 RCA 合作、選派人才赴美受訓，成為台灣初期半導體產業發展的兩大關鍵。李國鼎先生接著在「電子工業發展計畫」、「台積電創辦」與「新竹科學園區轉型、招商」這三大項跟台灣半導體產業發展息息相關的工作上，發揮了臨門一腳、讓它茁壯成長的關鍵效果，並且，孫院長在行政院長任

內，一直是最支持李政務委員推動科技的直屬長官，沒有他們兩位這樣前後分工、通力合作，就沒有今天台灣半導體產業的輝煌成就！

至於，在積體電路技術發展過程中，最重要的大搖籃——工研院電子所，為半導體產業培育了大量的電子人才，既是聯華電子、台積電兩家公司順利籌備、技術移轉的主要火車頭，也是國內半導體產業專業人才源源不絕的供應中心。要知道，工研院是孫運璿擔任行政院長任內，運用他的智慧、毅力、能力，花了數年的溝通、協調與努力，才得以成立，也才有後來的電子研究所，這是他個人獨大的貢獻，事成卻不居功，從不為自己謀私利，是令吾輩最為欽服的地方。

1980 年代在行政院科技顧問組外籍顧問鮑伯・艾凡思建議下，召集虞華年、王伯元、徐大麟等海外華人專家成立「技術評核委員會（Technology Review Board）（簡稱 TRB），對台灣半導體產業發展過程，也助了一臂之力，包括：1983 年協助工研院在台北圓山飯店，舉辦第一屆「超大型積體電路（VLSI）研討會」，每一、二年舉辦一次，是國內外半導體相關產、官、學、研專家交流的大平台。

國內個人電腦產業 80 年代蓬勃發展，卻在末期遭遇 CPU 及記憶晶片大量缺貨的問題，在 TRB 會議結論建議下，工研院挑起研發的責任，並在竹科園區申請一塊地，作為「次微米計畫」的研究基地，後來並以此成立了「世界先進積體電路公司」，至此，台灣半導體產業已經相當完整而強大。

為了感謝李國鼎先生對台灣半導體產業的貢獻，國內外受過 KT 協助、支持或關心的企業家、專家們捐助專款，在美國史丹福大學成立「李國鼎講座（KT Li Chair Professorship）」，它包含了經濟發展講座、生物醫學講座、工程講座及中華文化講座四大項目，每年選拔國內優秀人才去觀摩學習，備受矚目。

　　「哲人日已遠，典型在夙昔」，對於孫運璿、李國鼎兩位大老，終其一生為台灣財經、科技產業奠定的輝煌基礎，讓今天國人能生活在富足的大環境，思之特別令人感念。

　　筆者按：工研院是前行政院長孫運璿，一手催生的國內最大應用研究機構，四十幾年來歷任方賢齊、張忠謀、史欽泰、李鍾桂等多位院長，曾經擔任史欽泰長官，從副院長任內轉往創投業界發展的胡定華（電子所所長時，史欽泰為副所長，大家暱稱他為老胡）對史欽泰院長任內評價很高，綜合起來有三要點：

　　1. 史欽泰的人格特質低調、善於溝通、執行力特強，因此，在他任內，工研院許多方案才能次第完成。

　　2. 工研院成立 10 年後，面臨轉型，在史欽泰帶領下，工研院開始建立前瞻技術的研究，到 2000 年時，工研院的專利已累積上萬件，成果斐然。

　　3. 史欽泰領導工研院從院長到董事長，任期最久，他的領導力備受企業大老闆苗豐強、林百里、鄭崇華的推崇。

一百個困難也要解決的李資政（訪問石滋宜）

（以下採訪以第三人稱敘述）

石大砲——這是講到石滋宜敢做敢說的工程專家個性，當時媒體給他取的綽號——對李國鼎的做事風格，他強調：「李國鼎認為對的事，無論多困難，即使要找一百個方法，他也不畏去執行，絕不放棄！」

石滋宜解釋，李國鼎所謂「對」的事，就是他會把事情弄懂，而且他了解一件事的理解非常有系統性，並且在這之前，KT 都已經請教了不同的專家，反覆詢問或看報告分析，沒有充分消化他不會做決定。他進一步說明，李國鼎願意聽新知識，新技術或國際上最新的趨勢，然後隨時放在心中。於是，如果在短期內這樣的趨勢或演進出現在他腦海幾次，他就會找一兩位相關領域的專家請教，如果他們一致都推薦重要性，他會在接見海外專家的同時，請他們寫個簡單的方案分析建議，然後，KT 反覆研究，覺得應該在台灣推動，他就會召集幾位產官學專家，一起就這個方案討論，提出意見，他自己一定全程參與聆聽。

近年來，一般高階首長同樣觸及相同問題時，都是交給部屬或某一兩位顧問研究，自己並不參與討論或發表過程，只看結論判斷，就常常犯了缺乏同理心，以及一知半解的毛病，因此，做決策時，或執行任務過程，容易有漏洞，或者與實務事實脫節的地方。當產官學專家討論時，李國鼎、孫運璿兩位首長的習慣，就是靜靜的聽，把要點記下來，重要或緊急的事項，在會後馬上寫

個備忘條子，交代相關人員迅速辦理，除非有聽不太懂，或是需要進一步了解，他才會在現場提問，否則他總是讓這些專家們暢所欲言。反之，因為有決策首長全程參與，又不介入（不預設主題或立場），因此，這也是他們充分表達與表現的時候，有不少國內外專家學者都是在這樣的場合，被李國鼎看上，延攬成為政府或財團法人的要職。

石滋宜在當時雖然被定位為技術移轉與自動化專家，但是許多科技相關領域，KT 還是會徵詢他的意見。譬如，新竹科學園區開創初期，沒有幾家廠商進駐，幾位首長都很苦惱，這個標榜台灣高科技研發中心的地方，總不能叫好不叫座吧，有一天他就詢問石滋宜的看法。石博士就跟 KT 說，何不將部長創造楠梓加工出口區的模式搬到科學園區來？他進一步向 KT 解釋，科學園區限制設立研發中心的廠商不能在此地進行生產活動，因此，廠商研發出來的產品要進行量產，還得到區外去找地方，辦理工廠登記，取得證照，並且開始從小量試產銜接到大量生產，這個過程至少要搞個一、二年，運氣不好碰到問題卡關，甚至於二到三年也無法開工生產，想想看，國外大廠怎麼會進來？即使回來創業的海外專家一旦研發有了成果，馬上就面臨量產問題，對台灣人生地不熟的他們，被這些繁雜的工廠法規綁手綁腳，如果中間還有一、二位官員故意刁難（這是可能的事，貪官抓不勝抓），這些事例傳出去，誰還敢回來設立高科技公司？獻身祖國？

當然，以 KT 的個性，聽了石滋宜這番話，他開始思考，並徵詢多位專家及先期進駐廠商的看法，以今日之是否定昨日之非

的胸襟，迅速向孫院長反應，修改規定，讓以研發為重心進駐廠商，得以在園區設立生產工廠，從事實際生產的活動，園區也不再是白領階級工程師為主，舉凡**產銷人發財**的企業五大功能部門人員都可進駐。這個改變，在 1980 年代是科學園區成敗極重要的關鍵，讓整個園區活絡起來。

國內企業像宏碁、聯華電子、台積電、神通等得以趁勢崛起，有了地租、人力成本相對美國低廉的優勢，園區又是政府刻意培養的特區，免稅之外，許多行政法規手續也相對簡單有效率，漸漸又形成產業供應鏈聚落，這幾大優勢就成為台灣爭取國外 OEM 和 ODM 大訂單的極有利條件。

雙語學校一併設立

為了吸引國外專家回國創業設廠，必須從他們的角度思考，還有什麼問題會影響他們回來意願？石滋宜就跟 KT 說，必須在園區開設中小學，並且是英文國語雙重教學，讓國外專家們作為父母對孩子未來教育放心，孩子又可住在一起共同成長。當時，國外專家下一代的教育只有兩個選項，一是留在僑居地繼續就學，但這樣父母之一就必須留下來陪，會影響另一半留在台灣奮鬥的長期決心；另一選擇就是送到台北美國學校就讀，後者中小學生一學年的學雜費高達近百萬台幣，也不是這些剛回國創業的專家人人都負擔得起的。

於是乎，在科學園區設立雙語教學的學校，就變得十分有迫切性，李國鼎立刻協調相關部會，園區管理局出地、教育部編列

師資名額、國科會編預算蓋學校教室大樓，雙語教學在當時是十分新的觀念，也怕地方政府或其他機構要求起而效之，因此，就稱為實驗中小學，並且，學生入學資格必須是父母在國外修得碩博士學位，並且工作幾年以上，才有資格列為第一優先。

還好，當初這項辦法周詳公正，使得隨著中部科學園區、南部科學園區設立時，也循用此園區特別法規紛紛成立雙語實驗中小學，一舉解決海外專家們回台的心頭之患。站在行銷管理學發達的今天來看，這就是貼近顧客消費行為立場來設想，只有真正打重心中需求，交易才會發生。

第一批三家美國半導體專家回來創立的 IC 公司，也因李國鼎和張忠謀主導的台灣積體電路半導體公司的設立，解決資金龐大與生產工廠設立兩大問題，也留了下來。雖然它們之後被其他廠商購併或消失，卻也已完成了第一階段引進半導體人才在園區創設企業，以及帶動後來 IC 設計公司（Design House）紛紛成立的任務，使新竹科學園區近十年位居美國矽谷以外，世界半導體產業排名第二規模的重鎮聚落，每年創造超過 800 億美元以上市場規模，十幾萬的就業人力，是平均薪資居全國之冠的極具競爭力的典範產業。

新加坡學的快，吃暗虧

筆者認為，由於 1960-1990 年代以李國鼎為首的政府團隊，高瞻遠矚又專業效率，所以成了亞洲的日本以外，最進步的地區，並成為有企圖心的新加坡、南韓、菲律賓、香港等爭相學習的

模範。

從農業改革開始，農業研究、加工出口區、吸引外資、政府電腦化、資訊月、科學園區、科技人才培育、財團法人研發機構、八大重點科技政策等等，都在在吸引這些國家穿流不息的派人來觀摩、學習，其中，新加坡總理李光耀派人來考察新竹科學園區就是一個例子。

他們在 70 年代末，派團來參觀剛剛啟用不久的新竹科學園區，回去後以該國團隊的效率，迅速就推出了他們自己的科學園區，結果沒想到不久台灣這方面已做了大改變，允許研發與生產並存，很快的台灣的新竹科學園區迅速壯大成長，進入 90 年代末，居然發展到上千家廠商，營業規模破百億美元呢。

筆者按：與新加坡及科學園區相關的還有一件事，發生於 2000 年代初期，新加坡政府看好中國大陸發展高科技的潛力，與北京政府合資合作，在蘇州蓋了一座占地規模比新竹科學園區還大出數倍，非常現代化的科學園區。一切供水供電污水、廢氣、化學垃圾處理都最環保，所有規格都是國際級的標準，使得造價昂貴，進駐廠商的成本相當高，最具設廠潛力的台商興趣缺缺。開始營運的前二年沒幾家國際大廠進駐，沒想到隔沒多久，離這個蘇州新區不到 30 分鐘車程的地方，當地政府違反雙方協議──不得在短期距離，蓋第二個同性質的園區──在蘇州附近的昆山又蓋了一個所謂的高新園區，並且以不到蘇州新區廠租一半的價格，吸引台灣高科技廠商前來設立高科技公司，華碩、仁寶等率先設廠，帶動了衛星廠商成群結隊來建立供應鏈中心。

居然後發者先到位，便宜又大碗的昆山園區因台商紛紛進駐，就成了華東科學園區生產重鎮，蘇州園區卻門可羅雀，這事激怒了李光耀總理，爲此他揚言退出，最後北京中央顧及顏面，不得不修改合作協議，改由中國方面買回新加坡股權至少超過51%以上，並改由中方主導與經營，才解決兩造間的這項爭議。

國之大臣風格

石滋宜在台灣做了兩年自動化服務團團長，轉爲中國生產力中心董事長職務後，對家人答應的最後期限已到期，太太、兩個孩子聲聲催，當石博士向國鼎資政表達回去意願時，他回顧三十年前的光景說：「當時我太太和女兒一再的苦求我回家，我再向李資政和趙耀東部長懇求讓我回去！他告訴我，他從來不曾遇到過一個人，具有幾個能力特質集於一身。他說：『你有前瞻性、策略思考又有組織力，因此有很強的執行力，你一個人離開，我要找三、四個人來取代，但三、四個人不同心，很難磨合。』趙部長亦向我說相似的話，這可說是他們兩位大臣對我『器重的最高言詞』。我怎麼能棄而不珍惜！眞是兩難的選擇，留在台灣或回北美的家與家人相聚？人生不可能什麼都能擁有！最後只有忍痛對不起家人，繼續留在台灣。」就這樣一延再延，居然一留，留了二十幾年之久，台灣多了一位對產業發展全方位的謇謇之士，對各產業技術升級發揮了深遠的影響。

KT 怎麼認識石滋宜

　　包括筆者在內，都以為 1983 年捨棄數十萬美元年薪回到祖國台灣服務的石滋宜博士，是因回來參加重要會議被李國鼎賞識的，事實卻非如此。當我為了本書專訪石博士，從他口中娓娓道來，才知道早在 1972 年石滋宜在念東京大學材料博士的時候，透過當時政府派在日本的知日專家王世芳先生介紹，見過兩次面，愛才的 KT 就已經對這個年輕人留下了印象。博士學位拿到後，石滋宜經過審慎評估，決定舉家搬到加拿大，並在跨國大廠通用電器（GE）找到工作，更難得的是由於石滋宜產業基本功扎的深，又能綜觀全局的個性，沒多久，又被 GE 高層委以重任，負責技術移轉的職務，將 GE 當時最夯的兩大領域——核能發電與飛機製造設法向世界各國輸出設備與技術。

　　工作狂的石滋宜做了七、八年後，難得一次休假的機會，帶了太太跟兩個小孩到日本與台灣省親兼旅遊。在由日本要入境台灣的時候，因兩小孩才幾歲大，依照加國法律小孩依附父母護照內，因此沒有自己護照，進入台灣就成了問題，如果重新申請要約一周的時間，緩不濟急。石博士突然想到多年前在東京與 KT 見面時，老先生留了一個電報號碼給他，要石博士回國時要來見他。此時小朋友入境有了問題，石滋宜馬上想到，打電報給 KT，說明這個狀況，看看有什麼辦法沒？KT 差人迅速搞定入境的事，在他們全家抵達機場時，早有專人等候並協助入境事宜，因此他們全家得以利用難得假期回台省親。

　　沒想到當家人停留台灣旅遊的幾天，事先知道石滋宜工作背

景的 KT 已打好算盤，排了三天的訪問，由一位劉博士作陪，到五家公民營大廠——中船、台塑、台機、台鋁、中鋼去參訪，中間石博士的看法與建議，劉博士做了扼要的報告轉給 KT 看，為此 KT 還安排一場演講，要石滋宜從工廠運作、生產技術等角度來觀察「台灣最需要什麼」。

石博士提出了台灣迫切需要從勞力密集的產業型態，轉為技術密集、資本密集的產業型態，深深打動了包括 KT 在內的許多人的心。為此，KT 要石滋宜留下來為台灣的產業自動化打拼，石博士婉拒了，理由是他在 GE 的工作還有很多沒完成，工廠整體設備自動化過程進行中，並且對外談洽全球各國核電設備技術輸出的事情也都還在進行，包括阿根廷、墨西哥等工程業務不能也不可丟下不管，這是 1980 年底的事。

沒想到隔了一年，也就是 1981 年 11 月，人在加拿大的石滋宜有天突然接到 KT 的越洋電話，要他即刻返台。原來，前一年石滋宜播下的觀念，KT 領著一群專家不斷的討論、研擬，最後提出了「自動化推動方案」呈行政院，居然被行政院長孫運璿及經濟部長趙耀東給否決。KT 看到了台灣產業必須藉著自動化、合理化，將產業生產技術全面升級的迫切性，於是急電石博士，讓他回來親自向兩位首長面報。

以石滋宜當時負責工作的視野、格局加上他頗具說服力的口才，才沒講幾十分鐘，孫院長就說：我們觀念落伍了，要改變。陪同石滋宜去見孫院長的行政院科技顧問組執行祕書吳伯楨看在眼裡，知道事情成了，趕快向李國鼎報告。

隔天的周六，安排了一場號稱是總統（蔣經國）以外的文武百官到三軍俱樂部來聽石滋宜的專題演講，軍方以參謀總長郝柏村爲首的一群將領，工研院、資策會等財團法人領導們通通在場，孫院長親自主持，並與大家一齊聆聽。

石滋宜在這場演講強調，如果不趕快推動自動化，那麼到了1990年時，台灣的外銷出口會走下坡。事實也證明，台灣的ICT（資訊、通訊、電子）產業負責人由於教育背景程度較高，爲國際市場生產或代工產品，隨時都要注意競爭力、生產效率等供應鏈技術發展，所以吸收自動化、合理化的概念最快、最深，到了1990年代，才能成就爲全球ICT產品的生產中心，讓台灣「個人電腦生產王國」的封號，名揚世界。

趙耀東部長聽完這場演講後，遞了一張紙條給石博士，問：「Action！How to start？」隔幾天，趙老大與石滋宜一同坐飛機去高雄爲資訊月開幕致詞，飛機上趙部長要陪同的官員座位與石滋宜對調，兩人又談了許多，趙耀東說，一年又過去了，「Nothing happen？怎麼辦？」石滋宜就跟他建議：成立推動自動化的先鋒隊（Factory Auotomation Task），後來，覺得先鋒隊這個名稱與對岸剛剛結束的文化大革命那些紅衛兵先鋒隊有點雷同，並不妥，就改爲經濟部自動化推廣服務團。

問題是，誰來領導？誰來推動？

趙部長第一人選當然是石滋宜，那幾天他們談了很久，石滋宜不爲所動，原因很簡單，首先是家庭的顧慮（孩子正就讀小學，需要父親陪同成長），另一主因則是對工作全力以赴的石滋

宜對公司信任他、賦予他重責也有份責任感。最後，趙部長對石滋宜講了一段話，扭轉了這個僵局形勢。

趙老大跟他說，你看，我、李國鼎政委、孫院長年輕時從大陸來到台灣，幾十年過去了，都已到了六、七十歲，還在為台灣的經濟產業奮鬥，你呢，土生土長的台灣人，難道一輩子要為外國公司做事，沒辦法貢獻自己家鄉？

這段話讓石滋宜暗暗下了決心，跟太太打了越洋電話，以及跟 GE 的長官誠懇說明，並向趙部長表達，回國服務兩年，等自動化的推動有個基礎，就必須回加拿大述職。然而，世事難料，有趙老大的全力支持，加上整體產業推動的工作全面而繁重，兩年過去了，自動化服務團旋風走遍全台灣北中南部，以及電子、電機、機械、紡織、石化等各產業，才剛剛萌芽，石滋宜怎能忍心丟下只做一半的工作，對長官、對帶領的團隊都會是個打擊。

就這樣，一延再延，接任的徐立德還安排團隊到中國生產力中心，繼續推動生產力、品質提升的全國運動，石滋宜把他人生最精華、最有生產力的 20 年獻給了台灣。

組織設計與管理是 KT 強項（訪問馬難先）

（以下採訪以第一人稱敘述）

講到跟著國鼎先生做事，必須從我念政大第一屆企管所碩士班（MBA）說起，政大跟美國密契根大學合作，開學術界風氣之先，在大學領域開設第一家企管研究所（筆者按：政大 MBA 班是

1960 到 1980 年代台灣學府中，維持 MBA 第一名甚久的學校）。因為當時攻讀管理領域研究所的人很少，因此，政大占了先機，替國內培養了不少管理專業人才，前三屆同學，有幾位後來成為國內管理學界的泰斗，包括：陳定國、黃俊英、高孔廉等人。我呢，還沒畢業，指導教授就把我介紹給金屬工業發展中心（以下簡稱金工中心）第一任總經理齊世基先生，他求才若渴，早就相中政大企研所挖角。金工中心是台灣還沒退出聯合國之前，由國際勞工局與我們經濟部合作下，成立的財團法人機構，用人的彈性較大，這個單位成立後的 20 年，協助建立了本土自行車、縫紉機等產業供應鏈，也在各產業包括汽車業、家電業、機械業、電腦電子產業等，建立所謂的「中心衛星工廠制度」。台灣許多產業供應鏈的成形與管理，都有金工中心貢獻的影子，我畢業後在中心的工作，跟這幾個產業息息相關。

因為我的碩士論文主題是「等候理論在基隆港港務上的應用」，所以進入金工中心初期，先跟著聯合國派駐金工中心的管理資訊系統專家，協助推動國內企業界的 MIS 系統，因緣際會，金工中心後來併入工業技術研究院（以下簡稱工研院），我就成為工研院的一員，所以國鼎先生在他的回憶錄裡提到我時，就說是從工研院把我找去的。在工研院從事的研究重心是「工業經濟」，這個單位就是現在工研院「工業經濟研究中心（IEK）」的前身。在金工中心時有一年被派到澳洲去實地參訪，當時，歐美許多公司都把亞太營運中心設在澳洲，幾個月考察下來，實務經驗收穫甚多，對我後來協助科顧組與產業界溝通幫助很大。

有一項經歷跟後來在科顧組幫國鼎先生做事相當有關聯，那就是在工研院做幾年事後，有一年（1978 年），單位送我去麻省理工學院（MIT）進修，在這一年當中，學習「長期規劃」與「技術移轉」兩門領域。回台後，有個機會為「全國科技方案」提個執行措施建議報告，齊世基總經理看了後覺得很好，就把它轉給李政委參考，他老人家閱讀後，約見我做個簡報，聽完，就要求我到剛建置好的科顧組來當研究員。就這樣，1979 年開始一腳踏進這個單位，一做就是 18 年，中間經歷了李國鼎、郭南宏、夏漢民、楊世緘四位長官，直到正式退休。

　　如果，要評論國鼎先生為什麼能把台灣的科技帶得那麼成功，除了大家推崇的，他具備的各種傑出能力、個人做事領導風格外，我覺得也跟「行政院應用技術推動小組（以下簡稱應技小組）」在他擔任召集人時，將「全國科技方案」中涉及的組織架構建立完整、具備完善的管理機制，及跟政府部會預算做緊密的連結，有密切關係。首先，他在第一次「全國科技會議」制定了「全國科技發展方案」，方案中規劃成立「科技顧問組」（以下稱科顧組）直屬行政院，因此，後來科顧組所做的任何計畫或決議，報給行政院長通過就算數，沒有多頭馬車婆婆媽媽都要「管」的事情發生。這對一個臨時編制單位，工作內容又是牽涉到許多部會極其複雜的人、事、預算的三大因素，非常重要，如果不是這樣的組織設計，加上國鼎先生強烈的領導魅力與影響力，他人就無從發揮。（筆者按：這些年政府一些大計畫，越標榜「大」，到頭來，就是散散漫漫、事倍而功半，主其事者，缺乏經驗，未能在一

開始就了解當中的複雜性，未做好完善的組織運作設計，自然到頭來，無功而返。）

其次，科顧組延攬聘任的外籍科技顧問，不是歐美科研重量級研究機構的最高領導人，就是在世界知名的跨國大企業如：IBM、AT&T、TI 等擔任前或現職高階主管的職務，他們的建議一言九鼎，如何與國內各部會單位對話、如何落實，實是煞費苦心。

因此，科顧組開始運作時，組織的設計除了報告、核定計畫的位階簡化為召集人對院長負責外，與顧問、部會之間的溝通協調，才是許多計畫、方案能否有效推動完成的重中之重。因此，方案中，要求與應用技術發展最密切的六個部會包括：國防部、經濟部、教育部、交通部、財政部、國科會等都要設立「科技顧問室」或對口單位，這個對口單位的主管跟該部會部、次長直接報告，也是對該部下屬局處科等單位的溝通與督導窗口。（筆者按：這樣的設計就把部會山頭主義，本位主義自掃門前雪的長年習慣去掉一大半。）

另外，當每個外籍科技顧問想了解他上次會議的建議案進行的程度，或去部會實地考察，也會在科顧組執行祕書處協助下，與各部會科技顧問室主管聯繫安排，當場進一步的修正或建議，組、室這兩層級人員都可直接反應，立即修正，事情的進行效率很高。因為這樣，顧問們覺得他的建議，或他領導的該領域會議結論，被有效執行，就會鼓舞包括他自己在內的團隊士氣，每年的顧問會議也就會有效運行，在科顧組成立後的三年內，根據顧

問會議的決議，就陸續產生了八項重點科技項目，開始推動。

科顧組成立的前幾年，顧問會議每年兩次，上半年是在國內，下半年在美國，因為顧問們美國籍最多，歐洲飛到美國也比較方便。下半年那次的會議重點，是讓顧問評估聽取各個建議案的進度與成效，至於上半年在國內召開的會議，參加的學者專家官員就很多（按：新聞媒體同業戲稱是每年一次的科技大拜拜），在國鼎先生積極帶領下，各部會主管或被賦予任務的專家學者都不敢馬虎，會議前都要就他職責相關事項準備充分，否則經不起在場科技顧問、與會人士，甚或主席（KT 或顧問主持）的一再追問、討論。

每次幾百個人的會議，如果沒有有效的發言、討論、歸納的機制，幾天的會議開下來，相當辛苦，每年形式周而復始，包括外籍科技顧問在內，大家容易失去熱情。所以會議主題、形式都要改變，剛開始是以顧問的專長及關心焦點分組討論，過了幾次後，採取顧問專長興趣與各部會單位關心議題混合設計，等外籍顧問越來越了解他所參與部會的功能與運作後，討論、主導的議題比重就偏向部會的需求，這樣參與的大多數人，就會積極主動關心與支持。

個人從 1979 年被國鼎先生從工研院找來科顧組，從研究員到副執行祕書，一共有 18 年的時間，與 KT 共事的時間也有 10 年之久，所以對科顧組的運作算是了解最深的人士之一。深深覺得，推動國家的政策發展，這樣的組織設計非常有效率，也是「空前絕後」的，雖然媒體當時有人形容：遠來的和尚較會唸經，

但是每年的科技會議總主持人是國鼎先生，各分組主持人才是該領域的外籍顧問，並且形成的決議，都是國內外該領域最優秀的專家學者、企業領導人，參與幾天熱烈討論下的結論，不是一言堂般的，最高領導人聽信少數旁邊的人下的決定。並且，每年一、二次的檢討修正，使計畫的運行目標不致於偏離，也讓各部會一、二級主管掌握所有該單位負責的工作績效，對執行的局處科單位進行獎懲也才有具體根據。

我在科顧組的多年工作中，還有一項很特殊的經歷，就是有6年半的時間，除了擔任科顧組副執行祕書外，同時又兼任國科會（今天的科技部）企劃處長這項職務。這事起頭是國科會主委陳履安要求，並三顧茅廬跟 KT 講，要我去，KT 後來覺得科顧組跟國科會這兩大單位，牽涉的工作內容、預算，如果在計畫階段、執行過程中，沒有做好協調，那麼很可能研究、推動資源產生重覆、疊床架屋的現象。我的了解，許多方案、計畫的執行過程中，常因部會間的本位主義，溝通協調費時，雖然在全國科技會議及科技顧問會議過程中，各部會代表可以藉此溝通，但互動性仍實不足，就需要科顧組以幕僚單位協助行政院長加以整合。如果國科會與科顧組兩邊的計畫跟催、預算規劃是主管同一人，科顧組、國科會之間，以及對內上下協調、就會方便許多。

因此，我就答應了這項兼職，後來夏漢民先生當國科會主委時，又同時接下國鼎先生的工作（筆者按：1988 年 KT 從行政院正式退休，時為 79 歲）兼任科顧組召集人，夏先生就更理所當然的，要我繼續兼任這項工作。因此，那些年，兩個科技領導機構

推動各項相關工作，政通人和，非常有效率，雖然中間各種不同專案的進行，大小細節會議或溝通非常繁瑣，但我覺得兩大單位能通力合作，讓各項工作順利完成，是一段頗有成就感的事情。

　　跟著國鼎先生多年工作，有三件事讓我印象一直很深刻，第一件事，他常跟我們說：**做人要像半瓶水，永遠裝不滿**，所以時時刻刻要吸收知識。第二件事，有次召開科技會議時，他跟國科會主委張明哲一起主持會議，當大家共同討論一個方案時，有人建議，可往什麼方向做，張主委馬上回說：「那個方法我們試過了，行不通啦。」KT 當場說：「年輕人嘛，讓他們試看看，才能學到東西。」第三件事是，我們同仁剛開始時，每年做**科技動態調查**，勞師動眾幾個月，非常累，因此，向國鼎先生建議是否改成兩年做一次？中間那一年，用推估的方式產生**數據**。KT 明白表示不可以，並且很嚴肅的說，數據的東西就是要精確。他舉財政部長任內做**國民所得調查**的例子，每年都做，一連做了七、八年之後，就可以以此長期精確資料數據，推估精確的模型，所以要求我們**科技動態調查**每年做一次。

　　國鼎先生行事高瞻遠矚，具備卓越領導風範，那些年長期主持國家財經大計、推動國家現代化政績斐然，深獲國內外人士推崇，被譽為台灣經濟發展的主要規劃者。12 年政務委員任內，將原本分散在各部會，未受重視之科技資源加以整合，規劃、推動具體可行之政策措施，開創國內科技發展的新局面，貢獻卓著，贏得「科技教父」美譽，實至名歸，個人能有 10 年的時間，密切協助他老人家推動科技，如今回想起來，實在與有榮焉。

KT 的網狀思考（訪問鄭石岩）

（以下採訪以第三人稱敘述）

鄭石岩教授近年在國內外佛學界聲名遠播，是位有道高人，也是佛學哲學家，但少有人了解，他在李國鼎擔任行政院政務委員時，被 KT 延攬到行政院第五組擔任組長，協助李國鼎推動各項科技政策，除了是當時國鼎先生不可多得的好幫手外，對他也有多年的近身觀察，對於 KT 的「網狀思考」，留下極為深刻印象。

他分析，國鼎先生對於任何一項發展中的構想，想的都不是單一項角度的思考，他會從人才、經費、預算編列、部會分工、發展步驟、產業配合諸多方面綜合思考，並且從構想、草案、集思廣義、重點討論、行動方案、追蹤與推動，都想好了配套。即使頭一、二次有些問題還沒想到，或不夠周延，他在過程中會不斷的督促或提醒相關負責主管，哪怕是這些主管位階很低，為讓事情順利推動，他根本不考慮身分，很有氣度的稱呼對方，即使是基層人員，也不敢應付、馬虎。

這就是 KT 的「網狀思考」。然而，這樣的思考模式，並非與天俱來，這是李國鼎從美援會、經合會開始，協助嚴家淦、尹仲容擘劃經濟產業大計，多年工作訓練的思考習慣。任何一項政策的推動，都不是單一部會、單一部門可以有足夠力量成事，也不會是有錢就能辦事，君不見台灣 90 年代國庫充裕後，多少政府公帑大筆經費興建了龐大建築物、港口、道路、工業區等，所費不

貨，結果卻淪為蚊子館，空置多年的境況。

這在李國鼎時代，是極不可思議的現象，如果沒有將相關配套、做法、效益事先規劃完整，怎麼可能把龐大資源投下去？這是沒頭沒腦的做法，這是兒戲啊。

鄭石岩強調，網狀思考的人，不只是輻射性的思考而已，舉兩個例子，其一，在制定政策並審查政策時，都會在重要項目方面，要求「附帶」條款，也就是說，執行特定項目要考慮到例外狀況，或是連帶條件，否則該項工作就可能掛一漏萬，或者是以偏概全，這種附帶條款就顯現考慮的周詳完整。

其二，在李國鼎主導的許多新措施、新政策，大都會牽涉到人才，在他擔任財經兩部部長及政務委員任內，制定了許多培養各級人才的政策，或獎勵人才出國深造，或延攬優秀人才回國服務。當時，有不少人對於送人才出國進修，包括公費留學，都以許多理工人才滯留美國等地為由，認為要從嚴規定公費生回國履行義務，KT 獨排眾議，力主條件寬鬆，他表示，這些人才回台服務貢獻的管道很多，留在國外久一點，沒有什麼不好，等到國內環境慢慢改善後，他們就會想回來。

事實證明，1960 到 1980 年代出國深造的碩博士理工人，成了台灣科技產業先進技術與管理觀念的主要導入管道，沒有這些歐美人才的大量回台，科技產業不會那麼快的壯大與奠定研發規模與基礎。

國鼎先生的網狀思考，還包括了他對於財經科技以外，凡有益於國家民生，都事事關心的態度。譬如他對人文面的關心，最

具體表現的就是他成功的透過全國性的資訊化社會巡迴展，一年又一年日新又新的內容呈現，使得台灣成為亞洲資訊化社會深入推廣、觀念深植人心的表率。或者是他晚年提倡的第六倫，推動社會群體人際互動、相互遵循的正確關係，都是他跳脫產業競爭思維，注重國民生活品質的另類標的。

KT 的風格與擔當

鄭石岩跟著李國鼎工作多年，KT 有兩項風格令他記憶深刻，首先，李國鼎從不跟業界吃飯應酬，只有政府正式開會活動的餐會，他才會參加。正因為他不參與無謂的飯局，所以所有政策、方案的擬定，他本著長期、全面的思考，而不做短期的、急功近利的思考，此為其風格之一。

另外，他的有擔當，也是跟過他的部屬津津樂道的地方，不勝枚舉。

蓋科技大樓是當時重大決策，可是如果要等到協調各部會、編預算、公開招標發包、施工監督到驗收，會拖上幾年，除了各處科技單位辦公不能發揮集中效率外，材料、人工不斷上漲，經費勢必節節升高。李國鼎當機立斷，派了兩位得力助手，陳棠與李偉，就撐了起來。興建期間還碰到有人檢舉他們兩人舞弊，是可忍，孰不可忍，自己人格受到懷疑，憤而提出辭呈，辭掉興建小組正副召集人身分，KT 支持他們的辭職決定，由當事人做主。後來，查無此事，還勞動國科會主委親自去陳棠家裡，拜託他復職。

更有一次，KT 召集的會議，決定由交通銀行成立一項基金，作爲今後投資高科技公司的重要資金來源，開會時，邀請相關部會首長參加。其中一位首長表示，此項基金投資科技企業，會有圖利特定廠商的嫌疑，KT 就表示，如果這項獎勵科技公司興起的有益工作不做，那才是對國家的一項損失，未來，監察院如果因此要彈劾，就由他負責。

　　比較起今天官場的推諉與不敢負責任的風氣，這項擔當多不容易啊！

　　再說，即使 KT 的政策與做事經驗如此豐富卓越，在主持會議時，從不制止他人發言，對於他人不同意見，或發言離題時，他會表示，這個意見很好，可以在不同場合發揮出來。

　　講求效率與效果，是跟在 KT 周圍的人必要有的警覺，他今天交待的事，希望你明天就有成果；才剛剛談完沒多久的事，馬上要把資料弄清楚。鄭石岩記得有次李國鼎從國外考察回來，一箱一箱的資料上面註明，**「敬送鄭參議石岩兄參酌，弟國鼎」**。這種尊重部屬、善於用人、勤於分析，發展更多的連結，其實，也是網狀思考的延伸。

　　鄭石岩也對 KT 包容的胸襟印象深刻。

　　眾所皆知，李國鼎受夫人長遠的熏陶，最後，受洗爲基督教，而鄭石岩卻是對佛法研究甚深的學者，後來，在佛教界理論領域並成爲大家景仰的有道大師。當他與 KT 共事的時候，KT 並不因此有何生分，他認爲佛教與基督教一樣，雖然信奉對象有所不同，但是理念都是一樣。

李部長是一個有擔當有魄力的主管（訪問陳棠）

（以下採訪以第三人稱敘述）

陳棠與李國鼎惺惺相惜

陳棠 38 歲那年，被 60 歲的李國鼎從土地銀行借調到財政部國產局，自此展開兩人相交相惜的 32 年共事過程。曾經，在蔣經國接總統大位，並任命孫運璿為行政院長之際，發生一件 KT 生涯中極少數讓他心中波動不已的事件，就是蔣經國要他回鍋當經濟部長。KT 輾轉難眠，旁邊的部屬老友都勸他不要接，惟獨陳棠跟他分析其中道理，提到經國先生一生當中極重面子，沒跟人道過歉，此次要他重回經濟部，心中擺明了經濟事務以 KT 為重，也表明了經濟方面不如他。

陳棠並向他老人家（時 KT 71 歲）進一步分析，如果他能回經濟部，可趁這個機會幫國家再培養一群年輕的財經人才。這樣的說法打動了國鼎先生的心，他向嚴前總統家淦表示接任意思，沒想到李部長夫人堅決反對，反對的主要原因，當然是李國鼎的嚴重心臟病，才從鬼門關走一趟回來，怎可賣老命，去擔當如此重責大任？！不到一天的時間，又做改變，逼不得已，KT 只好再請嚴先生向經國先生說明緣由，無法赴任。

對台灣的經濟產業發展而言，反而因 KT 後來職務的改變，另闢一番新局面。李國鼎轉而以行政院政務委員兼蔣經國特任的**行政院應用技術推動小組召集人**身分，得以驚天動地的，為台灣

科技產業開展了極大的一片格局。套一句監察院長王建煊卸任前幾個月，在一個紀念李國鼎的演講會上，一針見血地說：「經過20年，我們還在啃國鼎先生財經科技建設的老本。」

陳棠的父親陳雪屏是當時蔣介石總統面前的紅人，官拜行政院祕書長，但是父子都具相當個性，靠自己本事。所以在八行書盛行的年代，公務體系升官要靠後台硬，貴人願提拔，而其中關鍵工具就是寫八行書推薦，愈是高階官員的八行書，分量就愈重。可陳棠的脾氣很拗，不想靠老爸，於是大學念森林系的他，居然在土地銀行辦事員的位子上，待了 11 年，才升到副技師，但是就在這一年，他人生起了大變化。

時為財政部長的李國鼎因公務勞頓，喉嚨痛到不能講話，就想休息幾天，幕僚建議他到土地銀行開拓，也是財政部管轄的花東農場去度個假，而土銀派出接待 KT 的人就是陳棠。一個多小時的車程，閒不下來的李國鼎，就詢問陳棠有關於土銀東部農場開發的事，以及對台灣農業發展的看法，想不到這個年輕人分析入理、滔滔不絕，毫不怯色，向這位名震官場的大部長詳細分析，從此，在李部長心中留下深刻印象。

後來，財政部國產局一位組長出缺，李國鼎將陳棠借調，從九職等一口氣連升三級，為十職等簡任官。自此，以陳棠對農業及土地的專長經驗，幫李國鼎開創了許多重大建設專案，使用已逾二十幾年，位於台北市徐州路與濟南路的兩棟中央聯合辦公大廈，就是陳棠的傑作之一。

解決問題才是王道

剛到財政部國產局上班，李國鼎交代陳棠去研究解決一件土地公務的事，陳棠研究幾天，寫了一個報告呈給部長，原意謂因法規限制，所以本案無法進行云云。李國鼎看了，把報告丟給他說，把你找來就是解決問題的，如果每一件事，你的結論都是礙於法規無法辦理，那我只要找一個初中畢業看懂中文的人來辦差就好，還需要你這樣的人才?! 一語驚醒夢中人，從此改變了陳棠在公務機關做事的態度。

公務員坐在一個位子上，不是看你的官威，也不是因循體制，等因奉此，體察上意才做事，而是秉持積極主動的任事態度，只要是有益產業民生的事，在不違法循私的前提下，把事情有效率的做好。比較當今官場，存著做官心態的首長比比皆是，出風頭，拍層峰馬屁的事，爭相為之；要負起責任，吃力不討好的事情，能推就推。近來，食品安全三年內出現三次重大事件，從行政院到相關部會，如果交給陳棠這種跟著李國鼎數十辦事的幹才，早就提出一套斧底抽薪的解決方案，哪會讓全國民眾一再看笑話，痛罵各級政府、部會首長？

試問，即使短時間還保住官位，能對得起自己良心，問心無愧嗎？

陳棠任內還有一件大事，這件事，還造成李國鼎辭掉了財政部長的職務。

話說民國 60 年代，歷經世界性石油危機、通貨膨脹的事件，因此當時的行政院長蔣經國對於物價波動非常在意，這也源自蔣

先生早年在贛南擔任專員，處理物價的敏感經驗。陳棠在糧鹽司為財政部研擬了一套糧食價格管制的方案，經李國鼎同意並付諸執行。這套辦法就是考量當時台灣控制全省糧食大中盤通路的十大糧商，計算他們的總成本，在保留若干合理利潤下，以基準價上下 18%，作為調整的根據，市價超過基準價 18% 時，政府就拋售存糧，低於基準價 18% 時，就大量收購作為存糧，藉著這套調節供需的機制，避免中間商炒作，也保障民生合理的糧價。運作方案兼顧了民生糧價合理性及糧商的生存，沒想到，有次蔣經國跑到中部慰問一重大車禍事件，省主席謝東閔向蔣院長報告近來糧價不斷漲價的事，在旁邊的行政院祕書長費驊，其實了解財政部這套糧價管制方案，知道還未到 18% 的調整基準，不但沒幫 KT 向院長解釋，還火上加油的向蔣經國提供負面意見，惹得蔣院長非常不高興，一回辦公室就下個條子，將財政部負責的次長及司長免職。

身為部長的李國鼎責無旁貸，當然，就提出了辭呈。

講到費驊之所以這樣做，其實有他的私心，當時官場的人都知道，李國鼎對於這種循私的同僚非常不以為然，這又帶出了另一件事。

民國 66 年蔣經國接任總統，正物色行政院長人選，從李國鼎、俞國華、孫運璿三人當中，最後，推舉孫為院長，並商請李國鼎擔任經濟部長，KT 後來因夫人的強烈反對，雖然沒接成經濟部長，轉任「管事」的政務委員，但是傳來經國先生打算請費驊當經濟部長的消息。李國鼎一生少見的針對特定人事任官撈過界的

提出強烈意見，請嚴家淦先生向經國先生轉告，如果費驊接經濟部長，他將終身不再踏入政府部門做事。

如果不是費驊的操守與能力令人質疑，KT 不會如此的公開反對，這也看出他在官場上不妥協、不和稀泥的基本態度。

東部 800 公頃土地開發

1957-1970 年當過內政部長時為土地銀行常務董事的徐慶鐘，將陳棠介紹給管理當地農場的場長，開始投入農場開發，花了十幾年時間，排除內外許多阻力，終於成功的開發了十個農場，從種茶的鶴崗農場到養乳牛生產初鹿鮮奶出名的初鹿牧場，最盛時期有十大農場，成了土銀開發龐大閒置土地的成功示範。陳棠這期間從牧草的培養，種牛，多種茶樹試種等等，投入極大心力，對農業經營獲至相當心得，為後來幫李國鼎 32 年做事過程，打下良好基礎。

雖然，專業方面，陳棠對土地的取得、開發、利用有豐富的經驗，是 KT 在這領域倚賴的一大助手。可是他回憶，李部長幾十年公職生涯，名下只有一個帳戶，由他的總務主任管理，當他是財政部長時，財政部有個慣例，海關緝私及稅務獎金，部長都有一份，李國鼎都將其納入該帳戶，最後，再分給部內同仁，這種不拿非份內應得收入的精神，令人欽敬。李國鼎常跟部屬勉勵，不要想房子，想房子，就不做事了，這也深深影響了陳棠，跟李部長一樣，終生官場不置產。

筆者按：記得是 1986 年左右，記者隨 KT 訪花東土銀建立的

農場，兩天的深入參觀，覺得一家公家銀行，能將這麼大一塊地做充分的開發，成為觀光農場成功的經營方式，深感訝異。可惜的是，經過二十幾年卓然有成的農場開發，在陳棠被調去跟隨李國鼎做事後，因當地人士的一些抗爭，加上土銀後繼的高階主管力不從心，農場只好開放委外經營，卻每況愈下，如今，失去當年全盛時期的光環。

陳棠還提到跟農業環保有關的一件事。1970 年代，位於台灣重要水力發電的中部橫貫公路上游，也就是合歡山系一帶的梨山、福壽山農場全盛時期，聚集上千戶果農，種植以蘋果、梨子為主的水果，但因濫墾的結果，山上土地流失很嚴重，每到颱風下大雨，就形成土石流，大量往峽谷沖刷，並嚴重威脅水庫的壽命。

李國鼎了解這個情形，就協同當時的省主席去現場勘查，並要求省府協調果農遷移，不料省主席一味的幫果農講話，並不了解山地土石流的嚴重性，李國鼎非常不以為然，於是找陳棠出主意。陳棠從部會業務主掌立場，向部長建議，開放美國蘋果進口，除了促進中美貿易，加強友邦關係外，還可以直接達到壓低國產蘋果價格的一石兩鳥效果，當種值高單價的蘋果、梨子無大利可圖之下，果農也不再煞費苦心，在海拔兩千公尺多高的高山區，辛苦農作及運輸。

這個獻計，使得李國鼎不對衝地主與果農的情況下，化解了高山不斷濫墾的危機。

筆者後記：陳棠老先生以 86 歲高齡，在民國 108 年被潤泰

集團的尹衍樑延攬擔任南山人事董事長，直到民國 111 年 2 月才交接給尹崇堯繼任，可見他在金融界的閱歷，受企業家重視之一斑。

雖千萬人吾往矣（訪問陳木在）

（以下採訪以第三人稱敘述）

對李國鼎做事態度與方法的闡釋

從財政部一個小科長開始，有幸跟隨李國鼎 30 年的前財政部次長陳木在，在國鼎先生 92 歲臨世前幾天，還透過名醫好友，想辦法醫治先生的腦溢血，惜因老人家年紀太大，不適合再進行急救，每每思之，他仍不勝唏噓。

美好的人生，打過多場仗，這是多位跟隨 KT 的老部屬共同回憶。在台灣由農業轉工業，輕工業轉重工業，再提升到科技產業的關鍵 40 年，多少的英雄好漢，在不同的階段，與 KT 一起完成許許多多的事，而其中至少有數十件是影響到台灣發展關鍵的大事，李國鼎可是一路導引的統帥，正因為有他，許多事情方得以成。然而，在完成的過程所遭遇的種種困難，組織、法規、人事之制約，絕不比今日政經環境容易，有時候，周遭人事更是無理蠻橫或漠然無感，李國鼎從不因此而灰心喪志，他會轉個彎，再想辦法，事緩則圓，最後，還是把事情完成。

經國先生被老蔣總統培養數十年，才得以正式接班，可是，

在 1978 年登上總統大位之前，論替國家經濟產業大局，立下卓越功績，被中外華人紛紛稱頌者，惟國鼎先生一人而已。並且，自 1958 年 KT 因老蔣總統委以中部八七水災救災總指揮，做得有聲有色、高度績效，從此被老總統一路重用，並付以絕對信任，蔣經國看在眼裡，又作何感想？從過往歷程觀察，一直到 KT 擔任行政院政務委員掌管科技之前，蔣經國對李國鼎的信任與扶持，與老總統相比，實在差之遠矣。

尤其，就在老蔣總統過世次年（1976 年），時為行政院長的蔣經國甚至毫不留情，藉一樁糧鹽物價管制事件，將 KT 時為財政部長的次長、司長兩位 KT 身邊大將，下條子免職。這個舉動不是偶然，而是身為太子多年的蔣經國將積存已久的不滿徹底發洩出來，可見滿身本事，一心一意為國家經濟、產業競爭力全力衝刺的李國鼎，事實上已經在多年的做事過程裡，與小蔣多次的據理力爭甚至於堅持中，無形已一再得罪了蔣經國（筆者按：本書第一章對此有詳細描述，可印證陳木在次長的看法）。KT 知道嗎？熟悉官場的他，當然了解，但「吾尊敬長官，吾更愛真理」，他把做對事情擺在第一。於是乎，就如同陳木在長久觀察，「雖千萬人，吾往矣」，KT 這種務求把事情推動成功，高於做人際關係的個性，帶過他的老長官如嚴家淦、陳誠、尹仲容都曉得，也會盡力協助他，賞識他。

有次，因為李國鼎經濟部長任內追求效率積極的態度，不按老規矩行事，惹火了一些監察委員，藉機會下馬威，要彈劾李國鼎。老蔣總統知道了，特別跳出來主持會議，將這些監察委員們

訓了一頓，據了解，老蔣總統跟他們說，國家要培養一個有經驗，並且積極任事的政府人才相當不容易，怎麼可輕易因一點小事輕易就毀了他呢？

就這樣，讓李國鼎得以利用寶貴的前 30 年，在沒太多來自黨政軍各方干預之下，幫國家奠定了加工出口區（由農轉型走向工業）、善用美援發展民生工業、培養外銷環境條件、引進歐美大型企業技術、加速工業升級、厚植大量工業人才、國庫統支付制、外匯、利率、債券市場機制化、銀行資訊化及民營化、稅制系統建構等等數十件大政策作為。

每一件事，如今回想起來，在在都是關係國家百年發展的大事，卻在 KT 率領的團隊鍥而不捨之下，一一克服而完成，每一件措施或政策，都是影響深遠、十分了不起的成就。就以匯率自由化這件事為例，他看到匯率固定變化的種種弊端，念茲在茲，擔任財政部長時就想加以改革，可是國家兩項政策卻是行之由來已久，難以撼動。

發行鈔票（所謂的貨幣政策工具）長久控制在中央銀行手裡，當時央行總裁俞國華可是蔣家信任的自己人，有蔣家老掌櫃的暱稱，因此財政部管不到，也不敢動。另一項政策就是支出，照理說，財政的收與支，在世界各國來說，大都歸財政部管，可是台灣長久以來，在行政院直屬之下，有個主計處，全國支出預算，卻由它負責。

李國鼎擔任財政部長任，即使沒有驅動這兩大機關的權責，但是求事情需合理有效率的他，不會放任事情擺爛，找到機會還

是要設法改變，針對匯率，接受了陳木在研究的建議，向央行總裁俞國華、行政院據理力爭。當時俞國華都是採取小幅微調，早就被市場炒手看穿，因此，市場炒作風氣很盛，資本市場資源運作很不合理，經 KT 不斷溝通說服，終於排除萬難，採取自由市場彈性調整。這件事，在一切都自由化的今天看來，也許覺得理所當然，可是要想讓相當保守的俞國華點頭，談何容易呢。

科學與民主

陳木在印象特別深的就是，李國鼎與後來接 KT 經濟部長的孫運璿，兩個人都非常重視專家意見，特別是在先進國家大型企業或國家級院士人士的觀念、知識。

他特別記得國鼎先生的腦子就好像是一個超大型資料庫，專家或部屬研究的數據、分析、結論，都記得一清二楚。因此，配合他劍及履及的個性，下屬要想蒙騙他，糊弄他，大概沒幾天，就要捲鋪蓋走路，可以犯錯，但不能欺騙。

他說，國鼎先生的科學精神，就是對市場科學方法的發現過程，先聽專家的意見，然後帶領團隊，結合起來，經過許多人的分析討論，再做決定。另一種例子，KT 部屬們都經歷過，就是針對一個問題，他腦海中已有清楚的輪廓，於是交辦一個信得過的專家或部屬，請他就利弊得失，或解決之道，提出建議，作為他決策前的依據，這就是科學方法。

李國鼎對待人的態度，更是民主。他個性雖然急，做起事來非常求效率，但是對部屬卻從不疾言厲色，更容許對方提出

不同看法，能有真知灼見的話，他也能察納雅言，這真是民主的修為。

當他認為對的事，絕對不考慮困難或政治考量，擔任過經建會副主委的葉萬安就說，當年的國民黨中常會可是政治中樞，即使面對蔣介石總裁，他也常據理力爭，面不改色，雖千萬人吾往矣。

李國鼎待人

跟著國鼎先生二、三十年，陳木在認為國鼎先生的格局，視野及心胸都夠寬大。尤其，他有項人格特質，能知道如何將種種資源協調在一起，並且，事先排除不利於推動的因素。任何政策研擬初期，絕大多數人的想法，不外乎有多少籌碼，能做多少事，其次再談執行力。李國鼎卻不然，他有強烈的直覺，會從腦海經驗資料庫中迅速分析，覺得對國家產業競爭力有幫助的，就會全力推動，即使是沒錢沒預算，他會想盡辦法，找出可能的資源，說服擁有資源的單位或人，配合去達成。

更不用說，如國家已編預算，資源在握，他更不容許推卸、延擱，KT 早年的機要祕書李偉多次提到，部長（老部屬都以此稱呼他）要的資料或解決方案，不是幾天後給，而是今天交代，明天就要，甚至於昨天就先想到，事先做好，就給。

雖然老部屬都知道 KT 是急性子，凡事十分講求效率，但是從長計議的大事，他仍然會先廣納建言，透過討論、研究後，如果可行，再提到重要會議中，集思廣益，做好資源的規劃與分配，

再開始執行。

尤其，他會在執行前，做好部會、產官學研的分工與進度研擬，然後，由他的內部小組嚴格督導，稍有問題或延誤，他本人會抓起電話，立刻追蹤、吩咐，或在定期檢討會議上盯事盯人，不達階段性目的，不罷休。

這種綜觀全局的修為，跟他長年在美援會、經合會面對國內外經濟情勢的豐富經驗有關。陳木在也從 KT 身上學到，「有心做，就可做到」的精神，KT 只要認定對國家經濟產業競爭力有幫助的，就會一而再，再而三的說服對方，不達目的不罷休。KT 這種精神也影響到陳木在，他擔任財政部公職任內，做了多件創舉或改革，例如推動金融司改制為金融局、勞退基金不溯及既往等，財政部到處爭取支持，有次還到立法院協調，拜託王金平院長支持，最終得以通過。

另一次，為了日據時代一批台銀匯票久未處理，成為歷史公案，在陳木在奔走努力之下，終於立法院通過，由台銀墊款解決。

這些，都是李國鼎帶出來的部屬一種積極做事的態度。

信保基金的設立就是一個例子；金融司改制為金融局，又是另一個例子；再來就是勞退基金的修正；公營銀行民營化；外匯與低利貸款，這些都是當時國鼎先生身為財政部長推動的積極作為，就不在此累述。

把李國鼎放在任何領域，他都可以做得很好（訪問楊世緘）

（以下採訪以第三人稱敘述）

關鍵的 1979

李國鼎接行政院政務委員不久，在蔣經國總統支持下，展開了台灣科技嶄新的一頁，那就是「全國科技發展方案」的成形與啟動，這一年是 1979 年。

根據「全國科技發展方案」作為發展藍圖及機制，開始了對台灣未來 30 年的許多重大科技投入，包括了工業技術研究院的定位與壯大、主導全國資訊化、電腦化的工業策進會之成立、作為科技產業基地新竹科學工業園區的設立、成就了三大產業八大重點科技的推動，以及各領域相關研發重鎮如生物技術中心、食品工業發展研究所等的陸續開辦，可以說，都是從 1979 年有了科技發展方案為火車頭，一一開始推動。

後來擔任經濟部政務次長的楊世緘，談到跟 KT 共事開始的 1978 年，他從美國取得電機博士回國不久，在經建會的頭銜只是一個技正，那年李國鼎為了到南韓考察，看看該國元首朴正熙大統領當政後，成立了十幾個大單位，像韓國工研院等，到底會產生什麼效果，想找一個懂電子的公務員一起去看看，有人向他推薦楊世緘，這就是兩人結緣的開始。

後來，科學園區條例、資訊工業策進會的籌劃成立、創投條

例、半導體工業的推動等，楊世緘幾乎無一役不參與，成了 KT 推動台灣科技產業重要的左右助手之一。

他對李國鼎人格特質的觀察，有二大特色，第一項，就是：

把李國鼎放在任何一個領域，他都可以做得很好！

為什麼 KT 可以有這麼寬闊的能力？楊世緘分析，主要是李國鼎養成過程非常的完整，歷經早期規劃國政的美援會、經合會，以及之前已經在國營的中船、台船擔任工程師實務多年，既有企業個體的磨練，又有財經產業總體規劃的思維訓練，可以說，在李國鼎正式從事政職的財、經兩部長之前，已扎扎實實的有 20 年總體、個體的能量蓄積，一站上經濟部長位置，就跟現在的許多政府官員不一樣，出手接招，已是大內高手，根基雄厚。

當然，如果沒有積極主動的個性，以及一心一意為台灣產業建立堅強競爭力的使命感驅策，空有幾十年的財經產業修為，仍是枉然。

這就回頭看台灣最近 20 年的官場，內閣首長大都來自學界，先天上已缺乏對個體企業解決全方位問題的能力磨練，後天又對總體財經產業未透過近身觀察，吸納其中規劃、執行、督導的關鍵元素，於是就成了只能坐而言，始終無法落實起而行的窘境。

更糟糕的是，近年來，無論哪一個政黨執政，自學界借調人才至政界，做不成了，回頭可再擔任教職，這種始終為個人留下留退路的做法，這些借調的政務官如何能不計後果，全力以赴？

再看看前 40 年的台灣官場，最優秀的這群政務官，從當時的陳誠、嚴家淦、尹仲容、李國鼎、孫運璿、趙耀東等人，又有誰在

任上為自己留了後路？沒把任上的工作做出具體貢獻，就準備下台；而這些優秀的政務官到臨老退休，甚至於連幫自己搞一間像樣的終老宿房都沒有，在任內，都是躬躬盡瘁，死而後已，試問近年來的政務官們有這樣的覺悟與擔當嗎？

所以，我們的文官或政務官的歷練、養成實在到了需要大力改革的時刻。

楊世緘接著說，第二項，就是：

李國鼎永遠清楚，如何把所有資源攏在一起，貫徹到底。

KT 推動任何一項政策，雖然從不把經濟學的土地、資本、人力三項基本元素掛在嘴裡，但是他永遠清楚，任何一項產業政策的推動，人才、資金、組織分工、企業誘因、大環境條件的配合，在在都缺一不可。因此，從討論開始，到研擬、形成、推動執行、督導進度，都成了他政策面的多元動力，加上他劍及履及追求效率的個性，政策就不會是空談，也許推動初期碰上挫折，他也會協助相關單位力排困難，以解決問題的態度，勇於積極投入。

人才的網羅與養成就是一個例子。

後來被坊間渲染為 KT 派或 KT 班底，不管是後來當到各部會部次長的數十位碩彥，或是散布在各財團法人、企業、大學的專家學者，都是因為在協助李國鼎推動各項政務的過程中，被他諮詢、請教、試煉、賞識之後，被賦予重任，逐漸提升的。

也就是你是不是一個人才，不是你個人自以為的認知，而是要有適當的人推薦，然後經過幾次的試煉，有才能又積極任事，才會有幸跟 KT 長期共事，楊世緘跟著李國鼎搞科技產業的過

程，就是一個典型。

筆者印象最深的就是 1982 年推動的八大重點科技，這項科技產業政策，後來成就了：電腦工業、半導體工業及光電產業。

在透過國內外專家學者反覆討論後，形成了政策，在 KT 的督導下，會從人才培育、經費規劃、部會單位分工（主從權責一開始就劃分清楚）、產業輔導（配合）、KPI 制定，及大項進度依時間列劃分，然後由行政院科技顧問組的幕僚團隊分項追蹤。此外，每半年再召開評估檢討（Rivew）會議，一有問題，即由該幕僚負責人員報告外，再協調各單位解決，如果問題仍未解決，則升高層級由部次長層級介入。其實，以李國鼎的個性，基本上，在他關切問題的同時，他會直接與各部會執行主管溝通，一次未成，他會盯到底，許多部會局處長級主管，甚至於科長級主管都接過他的電話，很難以公文或開會形式來發揮拖、推的結果，事情焉能不推動？

近年來，有許多政策立意良好，但是一推動下去，為何荒腔走板，以至於一事無成？！

道理很簡單，首先，在形成政策的過程沒有經過橫向、縱向的全面溝通，漏掉一些周延的因素考量；其次，行政院正副首長也好，下關鍵指令的總統也好，並沒有在政策推動之初，從經費、人才、目標、步驟做好可行性分析及分工；然後，沒有一群不怕得罪人的幕僚團隊切實追蹤、考核，隨時將問題反映及解決，超過一定時間的延遲或績效落後，馬上由層峰藉由不定期的督導立即檢討，或在定期會議中提出檢討。

自由化與創業投資

1980 年代後期，全世界開始吹起了經濟自由化，以及環境保護的風潮，時接任經濟部工業局局長的楊世緘也感受到大勢所趨，在當時經濟部長趙耀東，以及掌管所有科技政策與推動的政務委員李國鼎的大力支持下，楊世緘為工業局找出了變革的大方向，1982 年在李國鼎大力支持下，楊世緘領頭推出了「創業投資條例」，正式宣告台灣科技產業走入了創新式的資本密集時代，並且，以此為基礎，開始了台灣科技公司一番驚天動地的全球布局。

楊世緘談到李國鼎人格特質的第三項就是：

對台灣經濟、產業的發展心中都有一張具體發展的「圖」。

一個握有國家發展決策權力的官員，如果做任何事，都是急就章、救火隊、朝令夕改，那麼施政就會雜亂無章，毫無頭緒。長期上，國家將陷入競爭力低落，或官弱民強的情況，最終也會導致舉國疲弱的境地。

由於在擔任政務官之前，李國鼎已有近 8 年投入企業的實務經驗，以及 12 年擘劃國家經濟產業發展的養成能力，因此一旦站上經濟部長的位置，可說是蓄勢待發，已做好具體衝刺的準備。

楊世緘觀察，當年國之三位大老，位居行政院長的孫運璿有決策權力，中央銀行總裁兼國民黨財政委員會主任委員的俞國華有「威」，而李國鼎則是有「望」——來自海內外專家學者眾口一致的聲望。

這三位大老在 1980 年代前後，牢牢的抓住了台灣財經產業發

展的主軸，並將經濟成長率與國民所得節節推高，種下台灣後來經濟繁榮深厚的底子。

這樣的組合有幾個特色，首先，當時的最高領導人蔣介石對軍事反攻大陸已呈消極態度，而美軍協防台灣之後，整體社會局面也漸漸安定下來，國府開始將焦點放在財經產業發展面上。

俞國華跟蔣家有姻親關係，長期幫國民黨經營事業體及財務調度，深獲老蔣總統的信任，所以在決策領導面前一言九鼎。但是他不多話，一旦話出口支持，分量夠，承諾信度很高，所以相當具威望。就以台積電成立一事為例，在當時經濟部長李達海引薦下，張忠謀見了台塑集團掌門人王永慶二次，第二次見面後被回覆不投資，最後，俞國華親自打電話給王永慶，敲定了台塑參與投資。

即思即行，無私無我的李國鼎（訪問石大成）

（以下採訪以第三人稱敘述）

光電之父石大成博士談 KT 的人格

民國 70 年初，如果談到雷射（Laser），那可是猶如電影般很炫的一門最新科技，坊間媒體爭相報導它神奇切割的能力，甚至於介紹還剛剛萌芽的雷射開刀手術，如今 3、40 年一晃而過，雷射光是用在深度近視者的開刀，已是家常便飯。

推動這項新科技給國人的始作俑者，就是 1980 年初學成歸

國的石大成博士。

石大成提到，很少人到了 7、80 歲年紀，求知慾仍然旺盛，李國鼎就是這樣。

他被推薦跟國鼎先生認識時，還在美國雷射光電先驅洛克威爾公司做事，因為參加由孫運璿先生主導的近代工程會議，回到台灣，有幸與 KT 認識見面，進而有了長期不解之緣。

追溯至 1980 年代，台灣從 60 年代前往美國、歐洲或日本留學的學生，畢業後，留在當地工作，多的是在五百大跨國企業做事，或者是在矽谷新創公司奮鬥，前者以電信通訊領域的 AT&T、貝爾實驗室、ITT；電腦領域的 IBM、迪吉多、王安電腦；半導體領域的 RCA、通用電子（GI）、德州儀器（TI）為代表；當然，還有化工領域的杜邦、等各行各業前幾名公司。

後者，就是矽谷地區為主流，後來興起的微軟（總部在西雅圖）、蘋果電腦（Apple）、惠普（HP）、Dell、Compac、甲骨文（Oracle）等電腦硬軟體公司。

當時 2、30 年累積的十幾萬華裔人才就這樣散布全美各州或加拿大等地，放眼全球也只有台灣因政經情勢的特殊發展，讓我們在美國培養了這麼多不同領域專長的人才。其中並有若干人也因同時具備管理能力，而在這些國際企業位居要津，多年厚積的科技實力，一旦祖國——台灣適當的引導與延攬，就成了最具爆炸性的威力，為台灣帶來最先進的科技應用觀念與技術，讓台灣廣義的電子產業（ICT）一步登天，從完全落後的狀態，漸漸朝美歐日迎頭趕上。

在那關鍵的年代，建立這項延攬人才平台的主導者，就是李國鼎與孫運璿。

石大成跟幾千上萬華裔專家一樣，先是透過不同名目的會議——例如國家建設會議（國建會）、全國科技會議、近代工程會議、中國工程師會議、策略會議（SRB）等，邀請他們回來開會，孫李兩位會找不同時機與場合分別單獨約見。如果身懷特技，是當時台灣國防、經濟特殊領域非常需要的話，還會安排與適當的單位主管等進行閉門會議，指導敏感的先進技術應用或訓練，常帶來關聯效應。

石大成的專長是在雷射光電方面，當然，也在某些領域為國防部的中山科學院，做出了貢獻。也因此被孫李兩位謀國長官所看中，更在後來的 30 年，帶出了台灣在雷射、LED、顯示器、光碟等次產業的具體發展。

石博士之所以被某些媒體封為「光電之父」，除了上述引進許多光電科技相關應用，給全國各界認識外，一連介紹多位國際級光電專家給李國鼎、孫運璿兩位負責官員，奠定政策推動的基礎。更重要的是，他從 1985 年起，每年舉辦光電大展，進而成為「光電周」，讓產業界對國內外有一個展介產品技術的平台，也讓國人長期了解光電相關的應用與發展。這種方式是在開發中經濟體很重要的創舉，並且能一以貫之持續用心運作，對推動一項新產業起了關鍵作用。

觀察李國鼎從 1980 年代推動的八大重點科技，除了肝炎防治是純應用服務，非屬產業外，最後能成為台灣最具經濟實力的個

人電腦、半導體、光電面板三大產業，占據全國出口七成左右的比重，石大成在推動後者成為一大產業方面，功不可沒。

光電廣泛進入家庭、產業應用

石大成記得當初他把國際雷射專家雷蒙博士、美雷射公司創辦人盛慶彪、羅芳珍博士、向亨台博士等人陸續介紹給李國鼎認識，前者被聘為行政院科技顧問，後幾位都是台灣光電產業創始級人物，成就非凡。

後來光電科技產品大量的走進了我們的日常生活，人身健康、醫療品質的提升，光電技術都居一角，尤其雷射醫療更普遍的在各大醫院內、外科應用。

他強調，沒有李國鼎資政當年的堅持，今天我們的影像掃瞄器（Scanner）、雷射示標（Laser Pointer）、影像感測（Contact Image Sensor）如何能登上世界市場的寶座？更且，我們的發光二極體（LED）、光碟機（CD ROM）如何能在世界市場坐二望一呢？30 年過去，光電產業從無到有，從一年幾億台幣，到近幾年破兆億台幣，高達數百億美元的產值，就是李國鼎開啟新頁，打下良好基礎的結果。

即思即行的李國鼎

回顧孫李長官的知遇，石大成對 KT 印象最深刻的，就是李國鼎「**即思即行，無私無我**」的精神，他進一步闡釋，KT 的求知慾很強，喜歡隨時隨地蒐集最資訊，思想經常走在時代前端，這

就是「思」。

他周圍信任的人介紹專家學者給他，他都欣然接受，樂於傾聽，從沒有官架子，因此海外專家就很容易受到這種平易近人、強烈吸引慾感召而傾囊相授，這就是**「無私無我」**。

講到**「行動」**，所有跟隨李國鼎做事的人，跟 KT 做事行動力相比，都自嘆弗如。

「即行」，有兩個涵意，一個是說到做到，另一個就是馬上去做，在石大成看來，李國鼎先生做任何事，不打馬虎眼，不推脫，一心一意爲國家、爲民生，積極任事。

筆者以爲，當今政府官員表面上掛在嘴上爲市民、爲產業做事，在媒體、民意代表面前，好像有那麼回事，事實上，骨子裡是在當官，這其間最好的測試，就是將他們開出的支票列表追蹤！查看其施政的量、質與進度，事實一戳就破，有的官員還到處找藉口，把做不下去的責任推給其他部會機關，不專業的媒體人員或民意代表，就容易被蒙混過去，其結果其實很好檢視，就是事情做不出來，或者沒做到位。

石大成還記得，有一回在行政院科技顧問會議進行當中，大會議室裡坐滿產官學研代表以及外籍科技顧問。簡報過程中，KT 的祕書突然拿了一份急件公文，要他簽，李國鼎於是埋頭閱件，並批閱公文，此時簡報的人已在做結論，李資政突然抬起頭來說：剛剛前三張講的那個問題，請您再補充一下，頓時全場鴉雀無聲，誰都沒想到 KT 在低頭批公文的同時，還能將簡報聽的一字不漏，並指出第幾張的那個題目。

還有一次是石大成領導的光電小組跟李國鼎做簡報，忙得人仰馬翻，務求簡報做到盡善盡美，沒想到，才簡報沒幾秒鐘，李資政馬上看出所有的雷射的「雷」都打成「電射」了。

人生哲理源於留學英國

我們從年輕時，常說要樹立有價值的人生觀，石大成觀察，國鼎先生晚年提倡**「現代人的群我關係──第六倫」**，對人性的真知灼見，對大自然的領悟，做到天人合一，人與大自然的和諧關係，接近於宗教家的情懷。

這種對人生哲理的通透，對做人做事的態度，石大成以為這是因為李資政年輕時在英國劍橋求學，受到當時許多著名科學家、哲學家的影響，像居禮夫人、羅素、愛因斯坦等人，他們的思想深度、哲理在李國鼎身上反射散發。

換言之，李國鼎的人生觀，能無私無我，實在從他年輕時就樹立大我的觀念有關，他不講不著邊際的話，也不隨便說大話或做承諾，他聽懂了的知識，如果又是跟經濟民生有關，他就會找出適當的人才，信任他，交付他，並且全力支持他。

在做事過程中，他又會時時將相關資訊傳遞給主其事者，殷殷關切進度，使得負責的主管不敢疏忽怠慢，效率就被驅趕出來，這就是**「即行」**的典範。

知人任事，充分授權的李國鼎（訪問王紹堉）

（以下採訪以第三人稱敘述）

王紹堉談與 KT 的因緣

講到王紹堉，在 KT 一生官場職涯發展中，是很特殊的一頁，為什麼？

因為，王紹堉是蔣經國從擔任退輔會主委開始，十分信任而刻意栽培提升的部屬，後來被蔣經國派到財政部當常務次長。直到李國鼎 1969 年奉調財政部部長時，王紹堉認為國鼎先生培養的財經大將成群，團隊效率甚高，KT 必另有安排，他應該不會留任，沒想到李國鼎用人唯才，留用他還重用他，使王紹堉無意間成了長年官場有心結的蔣、李兩位治國靈魂人物，共同栽培過的人選。

直到多年以後，王紹堉回想這一段因緣時，還提到與國鼎先生共事那幾年，深受 KT 待人以誠，處事公正精神之感召，於是全心全力，代為處理財政部事務，無絲毫保留。

他特別舉出一例，財政部呈給部長的公文，KT 充分授權大部分由次長代行，並且信任他們的處置，當然，重要項目牽涉到「人」或「事」，王紹堉會口頭向李部長報告，聽取他的裁示。

就這樣李國鼎當財政部長的 6 年半，部長與次長之間相輔相成，使得 KT 能有充分時間籌劃財政大計，不必耗費許多時間在一般性的事務上，也才能在短短幾年內，推動了影響國家未來久

久遠遠的多項政策，另一方面，兩位次長也覺得很有成就感，而對李國鼎這位長官留下「量大能容」的感激之情。

但是這 6 年過程中，卻在最後一刻發生了外界始終不清楚，卻是存在於蔣經國與李國鼎兩人之間矛盾的一件大事，並導致李國鼎辭掉財政部長。

導致 KT 辭去部長的事件

王紹堉在老部屬慶祝 KT 90 歲大壽的文章中，完整的披露了這個事件。他說，1970 年代層峰對影響民生必需品的事非常關切，為了維持食米價格之穩定，還特別在財政部下，設立了糧鹽平準基金委員會，由次長王紹堉兼任主任委員，擔負穩定糧價之責。

1976 年發生了一件事，首先，蔣經國因台灣中部一場重大災情南下視察，省議會議長謝東閔趁機向蔣經國面報，謂市場米價行情偏高，對市民生活頗有影響。蔣經國一生，對民生必需用品物價波動特別關切，於是指示他的左右手行政院祕書長費驊去協調這件事，費驊就找了省糧食局局長施石青，要求米價降價 1 元。施石青就去財政部找主管此事的王紹堉次長，轉達費驊面諭，台北市米價應從每台斤 15 元降為 14 元，並由糧食局大量拋售。王紹堉主管此項業務多年，深知，如此台北市米價將較產地為低，俗話說賠錢的生意沒人做，糧商將無人願意去採購、運送，如果不顧市場機能，而由政府主動介入，則勢必以龐大的人力與財力，直接辦理食米配售，不僅成本會增加，且將對稻米儲

存管理形成極大困難，對國家將造成重大損失。

　　並且，在稻米豐收期間低價拋售食米，更使農民因穀價偏低而影響儲備米糧的意願。使得新穀大量湧進政府倉庫。是一件動輒得咎，得不償失的事。根據糧食局的估算，政府必須投入資金65-110億元，需增蓋倉儲面積78-123萬公噸，而且，新米放太久成陳米，造成大量損耗，再以低於成本之價格出售，國庫遭逢雙重損失。

　　當王次長把這樣的分析向蔣經國指派的祕書長費驊報告時，費驊居然認為財政部團隊「誇大其詞」（註1.3），並未將財政部王紹堉次長分析的決策來龍去脈說給蔣經國聽，在王紹堉後來在紀錄文中很厚道的解釋，費驊可能限於時間，未能說清楚財政部反對米價降1元的理由。為了更周延的說明，讓蔣院長了解全貌，為此，王紹堉還擬了公文，詳細分析當時米價行情，以及不降價，為何對一般市民生活不至有何影響的理由，可謂情、理、法都盡心盡力了。

　　然而，筆者研判，費驊身為幕僚長並未向長官完整揭露財政部全部想法，反而向蔣經國強調王本人「希望行政院不要直接介入，發生問題可處分財政部負責同仁」的說法，這樣未見全局把事件引向只爭權責的說法，誤導蔣經國院長下了錯誤的裁決，使得原來對KT做事已有成見的蔣經國為此震怒，在未知會財政部長李國鼎之下，開除王紹堉次長及主其事的司長兩人。

　　按照王紹堉的說法，李國鼎當時身體違和，雖然這件事他都向李部長詳細面報，也請示了向費祕書長秉報與公文內容，但是

他並沒有敦請李部長出面，而是挺肩負責親自去行政院向費驊祕書長秉報。儘管如此，當蔣經國卸除了 KT 財政部兩位得力部屬的職務後，KT 本人為表示負責任，接著提出辭呈，離開財政部長的崗位。

這件當時轟動官場的大事，由於牽涉到當時第一權勢人物，沒有媒體敢報導，以至於坊間都以為李國鼎是因為心臟不好辭職。事實上，身體不好是表面理由，為部屬扛下責任，無言的抗議，倒是李國鼎有為有守的充分表現。

我們如今還原這個事件，更可看出李國鼎的有為有守與不戀眷權位，即使面對的是當時全國黨政軍權力集於一身的當權者，他的辭職既是負責任的表現，也是向部屬表示支持最有魄力的行動。

蔣李盡釋前嫌，為國同心協力

筆者後記：「塞翁失馬焉知非福」，蔣經國與李國鼎之間的心結，追根究底從李國鼎 1965 年被蔣介石總統重用，擔任台灣發展最重要的關鍵職務──經濟部長開始，由於李國鼎過人的能力與精力，任內做出許多對台灣經濟產業發展極重要的政策，並且財經兩部部長 11 年之間，提拔培養了多位財經領域人才大將，以及讓台灣的工業由無到有，從些許外匯到食品工業、紡織工業、電子工業、電腦、半導體產業、光電產業崛起，累積數百上千億美元外匯等等，都已證明李國鼎無論是在壯大國家經濟累積財富與 GNP、帶動產業升級轉型、提升國民所得、培養大量人才

及技術能力都戰功彪炳，中華民國開國以來，經濟產業領域無人能及。

也因此，樹大招風，無形之中也得罪不少黨政軍當道人士，所謂 KT 班底之說，也被有心人趁機傳到了蔣經國耳中，讓未來這位國家最高領導接班人心中有了些成見。蔣對李的一個更關鍵成見，則是追溯到更久遠，也就是蔣經國年輕時，就被父親大人基於政治背景因素的考量，把他送到蘇聯去學習，一去就是十幾年，腦中已被共產思想深入洗腦，蘇聯那套完全由黨國主導的計畫經濟管制物價的觀念，在他腦海中牢不可破。一直要到經歷贛南上海的慘痛經驗，到台灣十幾年與美援時代的美國人打交道，以及當了行政院長操盤兩次通貨膨脹的失敗經歷，才讓他對自由經濟市場概念有了深入的體會。在這之前與 KT 共事的 20 年，兩人觀念上差異如此大，自然格格不入，產生多次的衝突。

在老蔣總統當政的 1975 年前的 20 年，李國鼎有幸遇到尹仲容、嚴家淦、陳誠、孫運璿幾位識才護才的好長官，使得他可以放手籌劃興國工業大計，並且貫徹落實到底，最後產生驚人綜效，連帶的把台灣整體推到一個令全世界驚豔的成就水準。

日前過世的新加坡國父李光耀把這個東南亞小國治理成為世界典範，殊不知在他建國的前 30 年，處處都跟台灣學習，從加工出口區的創設、出口替代、政府運作電腦化、吸引外商、科學園區設立、到軍隊的委託我訓練等，在李光耀的自傳中都有提到，台灣是他每年必要拜訪觀摩的地方。

當然，1990 之後的 30 年，台灣不分哪一黨派，領導人都缺乏

KT 創造新產業的本事，搞到最後還有雜音不斷，要我們學習新加坡，對照前 30 年世界新興國家無出其右的發展成就，近 30 年所有政府決策官員能不汗顏？

當然因此而唱衰台灣經濟產業發展的人，大有人在。

其實怕什麼？比較起國鼎先生推動紡織工業，以及後來的三大科技產業，前後相較，從無到有、從幼稚萌芽到形成數百上千億每元的產值規模，在全球產業競爭力相較，已居於國際前茅。我產業界本身，已具備了自我發展創新、擴展的能力，不必靠政府政策引導，只要政府各級主管機關不要扯後腿，做出諸如分紅配股費用化、國外人才入境困難、工廠需要的水電資源短缺等措施，那麼，民間產業其實早已不把政府資源當作運作中必要之一環。

時時以人民為念的官員（訪問王建瑄）

（以下採訪以第三人稱敘述）

王建煊心目中的李國鼎

被媒體暱稱為「小鋼砲」的前監察院院長王建煊，雖然已離開監察院多年，也逾 80 歲高齡，在筆者訪談他談李國鼎一生做事時，仍不改小鋼砲犀利個性，呼應他 2014 年 8 月出版的《同胞們，莫再沉淪》這本書的主旋律，對監察院的存在非常不以為然，認為應修憲讓它消失，裡面舉出了歷屆監察委員種種「殘害

忠良」的例子。

王建煊這微調種黑白分明，沒有妥協餘地的個性，令人印象鮮明；相對的，在李國鼎一生行事做官，也顯現毫不妥協的個性——即針對推動對提升台灣經濟競爭力有關的事時，KT 不和稀泥，對手中推動的事一以貫之，對人、對事，除非解決了，否則絕不停止，或者假裝已完成。

在談到李國鼎時，王建煊清楚指出，KT 做事的邏輯四大步驟：

· 時時以人民福祉為念。

· 吸取各國傑出政策或做法，以及國際發展中的趨勢。

· 吸收國內外專家學者新的觀念，並延攬人才。

· 創造人才可以做事的環境，並協助解決問題。

就是這樣的李國鼎，一步一步的完成了加工出口區、引進外銷技術與資金、成立保稅工廠、設立創業投資行業協助高科技發展、壯大科學園區等等重大施政成就，這不是一般人所能做得到的。

講到時時以人民為念，王建煊說，當時，台灣有一批非常優秀的財經官員，以李國鼎為代表，他們心目中時時刻刻想的都是如何改善人民生活，提高經濟生活水準，長期下來，帶動了所謂台灣經濟奇蹟。

他舉例，他當財政部長時，租稅收入與國家 GDP 的比例是20%左右，是所有開發國家中間偏低一點的排名；然而，20 年過去了，經過李登輝、陳水扁、馬英九三朝執政，都在吃老本，兩者

比例降到了 12-13%左右，上下之差，一年差了 8000 億元！

　　想想看！那是 800 億的 10 倍耶，光是一年 800 億，就可以做多少事！簡直是每況愈下，他提到國鼎先生做事態度，有一個傳神的說詞，形容：KT 做事特別急，每件事都是特急件，即使難得休閒時，也是急急進行。

　　他提到在財政部時，李國鼎好幾次出國，都指定他同行當隨行祕書，每次出國就是密集了解國際間發生的趨勢、新知，看看各國政府推了什麼新政策，研究可以引進作為台灣的參考，不管政府領袖、企業主管都是他面談的對象。

　　特別是華裔人士創立的企業，即使規模不大，他仍然傾聽對方的觀念與做法，消化後再進一步更深入了解，因此他發展了廣泛的人際關係，並因此而有多元化的人才來源。最後，這些人才就成為台灣經濟起飛、科技產業發展的重要生力軍。

　　王建煊回憶，有次到紐約附近杜邦化學公司建設給地方休閒的一所花園，李國鼎仍是馬不停蹄、走馬看花般掠過，所以連觀賞風景也是特急件。

人才為中興之本

　　王建煊也同意，國鼎先生如果沒有一批批人才，追隨他做事，也無法成就這麼多偉大的建設。

　　他分析，國鼎先生歷年來培養了不少人才，所以，當時政壇有所謂 KT 派的說法，王建煊特別聲明，在當時，他只是小咖！還沒得擠入 KT 派的行列。KT 用人，會在首次見面時，技巧的詢

問對方的經歷背景，什麼學校畢業？有什麼收穫？爲何離開原先服務的單位？他會順著思路追問對方專長相關的市場、技術發展等進一步問題，他會溫和的請教爲何創業，目標是什麼？以及如何跟世界發展、接軌等種種問題，就在這樣不拘束的隨意對談當中，他老人家已對這個人才能否爲台灣斯時環境所用、怎麼用、放在哪裡，有了概念。

以台灣在 80 年代的時空背景，公教人員的待遇，與歐美人才待遇相差甚大，然而，在 KT 的號召下，一個個的人才，在台灣經濟、科技發展最重要的 30 年，被大量的引進國內，成就了許許多多科學園區新創企業！爲工研院、資策會、食研所等財團法人機構帶入許多優秀的領導人才與觀念。

不僅如此，李國鼎行事作風，讓部屬服氣的是不僅以身作則，還會承擔責任，讓部屬積極往前做事，困難的事跑來找他時，KT 清楚這些跟著他做事的主管，芝麻問題或不複雜的事不會來找他！找他一定是無法處理的事，因此他會主動協助解決。

權力使人腐化，越高權力使人越腐化？

筆者後記：當年剛從監察院院長退下的王建煊，在他的著作《同胞們，莫再沉淪》中提到，權力使人腐化，絕對的權力使人絕對的腐化，形容有些形象還不錯的監委，剛進監察院還中規中矩，但不到半年就變了，「權力使人發瘋」，眞是令人深有感受。

從他書中當 6 年監察院院長的經驗，所描述種種監察委員的惡形惡狀，看來權力越大，眞的會改變人的心性，對原本就營私

趨利的人來說，就更無法無天。

然則，我們也從李國鼎、孫運璿、尹作容等台灣經濟大功臣的身上看到，他們過世時住的是公家的宿舍，沒有自己的房子，也不准自己兒女經營或擔任跟職務相關的生意，因此，權力使人腐化並非適用每一個人。

他們為什麼不會腐化？現在的高官像前營建署長葉世文、行政院祕書長林益世等人，如果好好做事，退休時也有一份不錯的月退俸可以養老，為什麼還要利用職權貪污？關鍵處咱們古之賢哲已講過：「士不可不弘毅，任重而道遠。」也就是年輕時是否樹立一個正確而宏遠的價值觀。

許多政府官員、企業名流、學者專家，他們為了幾百萬、幾千萬或幾億元起了貪念，正本清源，就要從年輕的時候，做人處事道德上根深蒂固樹立「不取非分之財」、「不做虧心之事」的原則！並且牢不可破。

李國鼎年輕時在英國劍橋念書，只因抗戰聲起，沒念完博士，就束裝回國，共赴國難。

後來在中船、台船的經歷，訓練了他做為工程師做事思考的邏輯，之後，當經濟部長之前十幾年在經合會、美援會等為國家擘劃產業發展、經濟成長之計，那種一心一意為國為民的抱負，填滿了心胸，根本一絲一毫容不下利己的私念。

筆者在撰寫本書的過程中，常常在想，民主自由開放的今天，如何培養至少具備十分之一李國鼎做事能力與抱負的官員。難嗎？果真難耶！

必須年輕時，就從正心、誠意、修身做起，後才有機會再齊家治國。

我請教王建煊，國鼎先生與您都是虔誠的基督徒，這種信仰對您們在做事跟操守方面有無幫助？他想了一下，說：「信仰對我們的影響很大，他個人在年輕時，有點像是芸芸眾生的基督徒，後來才改變！當建立正確政治價值觀後，對社會的影響就很大。」

所謂正確，就是該做就要做，不要為了取悅選票，取悅選民而改變，王建煊當財政部長時，決定要對土地增值按市價課稅，也是最早提出軍人一律薪資都應課稅的主張。當然，得罪了選民，就離開了財政部長位置。

推動國家現代化的先行者（訪問葉萬安）

（以下採訪以第三人稱敘述）

相識 40 餘載，葉萬安跟著李國鼎的淵源極深，必須從 1953 年被尹仲容賞識拉進工業委員會談起。

這個組織是 1950 年國民黨政府從大陸撤退到台灣，老蔣總統時代，為了把台灣從農業社會轉變為工業社會成立的新單位，目的就是要規劃如何讓台灣從農業社會型態大轉型，走向工業化之路。然而，當時既無任何典範可以學習，要怎麼做？從何處著手？牽涉經費、人才、技術、管理，樣樣都缺，因此，成立行政院經濟安定委員會，下分幾組，其中工業組組長就由李國鼎擔當，

而延攬他到這個委員會的尹仲容，就成了李國鼎第一個貴人。

在此之前，44歲的李國鼎已累積了16年的工作經驗，從工程師、研究員、教師、到擔任台灣造船公司總經理，歷練不同行業，領導不同管理職務。一旦坐上工業組組長，統籌規劃台灣未來的工業發展藍圖，已不是只埋首於書堆中的書生，也不是只有一片空想、從數據中挖掘問題的研究員，而是要一步一腳印，從解決問題的過程中學習。

葉萬安形容，1955年到1990年的35年之間，每一個財經科技政策都是一步步打下基礎，不斷奠定，再發展；所以兼顧短、中、長期目標，每一步，都使台灣經濟更上層樓。

葉萬安提及，KT這種非分內事卻勇於任事還有一例，就是肝炎防治的工作。當時台灣罹患肝病的前身——B型肝炎的人很多，李國鼎有次出國接觸到這方面的專家，聽了防治的方法，以及不根治會影響許多國民的健康，他就運用美援會等的資源，引進疫苗、設備，幾年的努力下來，大幅降低了肝炎氾濫的現象。

他說，有些好事者送了國鼎先生一個綽號叫「南京大蘿蔔」，一方面KT是南京人，另方面形容苦幹實幹、吃苦耐勞類型的人。

KT另一個在美援會時代的綽號是「**點子王**」，也就是沒有能難倒他的問題，任何困難，即使是前所未有，他也會竭盡所能，找出解決的辦法。

這一點是當今公務員最需要學習的精神，基層公務員固然要在第一線勇於任事，居上位者肩膀要有擔當，願為部屬扛下

責任。

一個急性子的主管部屬如何相處？

KT 的急性子跟著他的人沒幾天就知道了，然而，如何能長期相處？

葉萬安舉三個例子：

- KT 周六日即使休假在家都在想公事，想到的都寫在一張張的小條子上，周一上午一上班，馬上交辦相關的人。
- 走路很快，當時美援會辦公室階梯短，葉萬安本人人高馬大，每次走兩階梯，國鼎先生卻是一次走三個階梯。
- 40 幾年的相處當中，KT 說話從不拖泥帶水，講求效率，追求效果。

然而，跟著他的部屬會不會跟著焦慮，時時擔心被責備？

這就是李國鼎讓人欽佩的地方，他從不因部屬做錯而責罵他。葉萬安說，曾經有人報告被 KT 退了兩次，他還是很有耐心的修正第三次，他最不能苟同的態度就是推諉不做，他會生氣，這類人士通常不會在 KT 眼前出現第二次。

但是部屬看到的李國鼎是無私，一切為公，自己以身作則，一年到頭從不休息，因此大家都任勞任怨，跟不上，會埋怨的，也早早離開了。

葉萬安指出，國鼎先生之所以做事急，是因為他看到歐美日國家地區已領先我們很多很多，台灣卻還停留在百事待舉非常落後的情況，按步就班的做太慢了，不加倍迎頭趕上，就太遲了。

台灣這半世紀來由於前一階段農業轉工業及傳統產業轉科技產業非常成功，因此，培養了數十萬家大中小型製造業，分別散布在電腦、電子、半導體、光電面板、石化、機械、自行車、汽車零組件、紡織、成衣等上百個產業，也養成了數百上千萬分別在「產銷人發財」各個領域專精的人才。

大凡經過相當歷練與團隊工作之後，人總要往上爬，學習當主管，漸漸的具備了不同的管理風格，台灣許多中小企業老闆，具備了豐富的解決問題能力與專業經驗，也使得部屬因歷練不夠而有跟不上，或嫌能力不夠的問題，急性子一來，雷聲公或臉色一擺，部屬都受不了，只好走人。

李國鼎一生帶過那麼多人才，卻沒有過這樣的抱怨，何以如此？因為有以下講的三個領導風格，因為如此，跟著他做事的周遭產官學研人士，跟著養成追求效率、追求成果的做事習慣，也才能協助李國鼎成就台灣經濟產業高成長的 40 年（1961-2000 年）！

葉萬安心目中的李國鼎領導風格

1. 做事絕不和稀泥

1954 年 KT 推動紡織業產品外銷，被許多人譏笑，他們認為台灣貨怎麼可能被外國要？於是 KT 在尹仲容支持下成立紡織推動小組，全面解決問題。首先將進口紗改成進口棉花，向台灣銀行洽商成立紡織貸款，讓願意投入的民間商人可以貸款買設備，並建立一套代工制度，即政府的中央信託局去接單，然後委託民

間布廠紗廠代織成品，再出口。民間廠商當時資本都很小，基本上是政府出資，這點也是 KT 的構想，說服尹仲容同意，甚至於 1 元當 5 元用，怎麼說呢？

原來，依照這個計畫，民間向台銀貸買設備的資金可分 7 年還，進口原料也可適用貸款，並且在當時年息高達 18%的情況下，所有這些採購設備、原料的貸款只要收 6%的利息。因此，潤泰紡織、遠東紡織、台元紡織、統一紡織、等後來的一系列大廠就這樣平地起高樓般的成長，成就台灣的紡織工業！

從 1954 年推動紡織品外銷，到了 1961 年已超過坐上外銷寶座長達 10 年以上的糖業出口，一直到 1981 年，連續 20 年的時間是我國外銷第一大出口工業。

這種不和稀泥，面對問題，一項項確實解決，才能成就理想。

2. 強烈的使命感

李國鼎一輩子對提高台灣經濟競爭力視爲己任，具備非常強烈的使命感，可以說，這是驅使李國鼎一生做人做事的準則。

他的使命感從學生時代就留下伏筆，公費留學英國劍橋大學念博士時，因日抗戰爆發，他隨即束裝回國，加入抗戰行列。抗期間他先後擔任了測量等不同工作，目睹國家的落後，必須振臂興起，這趕上先進國家的想法深植腦海，「雖千萬人，吾往矣」，就成了李國鼎終身的指標。

如果是國民政府還繼續經營大陸，幅員廣大，包袱更大，牽涉人、事、地、物，相當複雜，能改善多少，建立多少現代國家的

根基，並不樂觀。

剛好政府遷到台灣，蔣介石總統爲了痛改失掉大陸江山的弊端，蓄意銳改，充分信任了嚴家淦、尹仲容、李國鼎這批財經技術官僚，才能成就了台灣經濟奇蹟。

3. 溝通、協調的智慧

葉萬安最佩服 KT 的能力之一就是協調與溝通。

舉個例，台灣開始實施人口節育政策是李國鼎所推動，可是當時提出這個觀念時，對一心一意反攻大陸，重視大量人力戰力的黨國大老們而言，這個主張可是形同叛國。經合會的預估，人口成長率如果 8 年內不從 36% 降到 15%，就會吃掉大部分的外匯，經濟發展將受影響，葉萬安拿著這份建議到行政院報告，行政院長蔡培火反對，政治敏感度高的 KT 建議先壓下不談，透過嚴家淦部長作爲內部參考。

KT 先召開研討會，找了國父孫中山的子嗣，當時的考試院長孫科溝通，安排了一次以國家發展與人口爲題的研討會，請他在研討會上演講此主題，講稿 KT 指示葉萬安爲孫科準備。結果呢，孫科院長講的比擬稿還多還好，他強調環境變遷，現在是講求科技戰的時代，人口不是關鍵。之後李國鼎再指示將人口規劃政策上呈給層峰，就這樣通過實施。

要知道，1950-1965 年代是強人領導的時代，也是以黨領軍政的時代，國家第一目標就是反攻大陸，所有國家大事都是老總統蔣介石說了算，問題是他信任的文膽陳立夫兄弟站在反攻大陸的思考，人海戰嘛，當然台灣人口越多越好，所以當年提倡人口節

育，說得不好，是要被入罪的，更何況管人口是內政部的事，那有其他人說三道四的份？

可是一輩子都以國家經濟競爭力，為第一思考的李國鼎，仍甘冒大不韙，挺身而出，為長遠人口政策進言。如果個性敢衝，又具備強烈使命感，又有做事的經驗，如果缺一項能力，仍然無法叫得動各部會同僚，以及工商業人士，一起朝著理想目標邁進，那就是溝通、協調的能力。

筆者按：近代管理學都會強調溝通協調能力的重要性，甚至坊間也有很多訓練職場人士這方面能力的課程，但是，大家好奇的是，遠在 6、70 年前，李國鼎是如何培養這個能力的？觀之他求急的個性，這個溝通、協調能力的相輔相成，就顯得十分必要。

先講大政策的溝通協調，它是有程序，有方法，有軟硬力道的不同。

在本書第一章有提到，筆者在時報系跑科技新聞時，近身觀察 KT 推動科技政策與科技產業的 12 年裡，看到李國鼎如何將最初，來自海外一位專家的建議，經過多方討論、驗證，最後成為政策，而政策從由部會提行政院通過，編列預算，督導執行、追蹤、檢討修正，到發生產業規模，最後成就一項大產業的經過。台灣的電子工業、電腦產業、半導體產業、光電面板產業就是這樣一步一腳印的經過多少溝通協調、多少步驟，以及前後至少 10 年光陰才卓然成形。

這說明溝通協調的智慧、程序與耐心實在是許多政策推動成

敗的關鍵呢。

李國鼎的六大人格特質

葉萬安總結他 40 幾年跟隨李國鼎的經驗，覺得 KT 有六大項人格特質：

1. 他有虛懷若谷、不斷吸收新知的精神。

無論從宗教信仰、他個人的理性訓練，以及國際進步的視野，都讓他永遠不會自滿，不斷進取才能維持國家經濟站在競爭力的制高點。

2. 他有高瞻遠矚的眼光、不斷推陳出新的能力。

工程師的歷練，長期的綜觀全局，使得他見樹又見林，各種知識融會貫通，在系統性思考習慣外，又有各類創新創意，從不侷限於一個框架。

3. 他有鍥而不捨的執著精神，以及強勁精準的執行力。

既然一心為國家競爭力為志，未達目的當然不休止。

既然要解決問題，要追求既定目標，他的個性驅使每件事都要上窮碧落下黃泉，非達到一定目標不可能終止，因此，督導、修正、追蹤、檢討乃是必要之惡。

4. 他尊重人才、培養人才、發掘人才、重用人才。

KT 清楚做事需要團隊分工合作，尤其在政府這部大機器裡，沒有人是可以單刀作戰的，並且在 1950-1970 年代是黨國合一的時代，又是強人領導的所謂動員戡亂時期，做公家的事，各方勢力、眾人注目，除了要具備政治敏感性，更要弄清楚不同部門、

不同單位的功能及職責，這都要回歸到「人」。所以他一輩子最重視的就是挖掘人才、重用人才，用過後雙方建立信任，從此他會不斷接觸，不斷請教或交辦事情，所謂 KT 班底就這樣逐漸形成了。

5. 他具有高度跨領域的整合能力。

跟過他的老同事們，都覺得 KT 思考是網狀性的、系統性的，記憶力又特別好，所以推動任何政策、專案就不會顧此失彼，前後都能一致，把複雜的事情簡單化。

6. 他一生都在圖利他人，但本人卻廉潔自持。

當一個人心中只有公，沒有私，君子坦蕩蕩，自然不怕被告，當然，必須他的上司、同仁也都有這個認同。李國鼎做到了，他的幾位上司們都具備相同氣質。

我想，這六項中的每一項，都可以舉出數十項成功的大小案例，中華民國開國以來，從沒有任何一位政府官員能在位這麼久，又創下這麼多施政成功的案例，能在 1950-2000 年的關鍵 50 年，有李國鼎這樣的人物，適時、適地出現，並且環顧全世界，當時沒有一個國家剛好在這人和、天時、地利三者具備之下，可以盡情發揮，真是天佑台灣啊！

4.3 大陸官員對李國鼎的尊敬

　　由陳棠理事長主導的「李國鼎數位知識促進會」，2013 年 10 月舉辦兩岸李國鼎論壇，大陸來了四十幾人代表團，裡頭有當過科技部長的朱麗蘭、財政部長項懷誠、農業部長及三位副部長，除此之外，還有來自南京大學、東南大學、南京農業大學的書記校長等領導。觀之，除了政治性的兩岸企業峰會、博鰲論壇外，民間舉辦的論壇，大陸高階領導參加如此之踴躍恐怕是空前絕後的，原因無它，受到國鼎先生當年精神感召而已。

　　記得，1980 年代，大陸剛剛結束了大浩劫的文化大革命，開啟改革開放的新頁，這些部長、副部長等當年都還是中級官員，他們到國外如美國、日本、南韓、菲律賓、新加坡等地區考察或參加國際性會議，論治國經驗、論國際觀、人際關係，在在都是初出茅廬，國鼎先生只要碰到他們，都不避嫌也不擺長者架子，不遺餘力協助、指導他們。

　　這些國際場合，大陸的財經科技官員，面對已經縱橫數十年官場、累積龐大財經科技政策經驗的李國鼎，猶如閱讀一部葵花寶典，往自身修練上乘武功，大至治國財經產業方針，小至政府運作碰過的疑難雜症，通通存在他過人的腦海中，隨便拿出一兩

招，就對百事待舉的中國大陸經營發展帶來良好的借鏡。

鄧小平讓大陸開始富起來的政策，最著名的例子就是以深圳為主四大特區為例，實施來料加工再出口，1965 年李國鼎當經濟部長時，就是創造了南梓**加工出口區**的模式，首先利用農村大量剩餘人力，引導外國的投資與生產技術，將原料、零組件加工組合，成為成品，然後在該外商外銷主導下，出口至指定地區交貨。

基本上，就是利用外商的投資廠辦，提供廉價的土地租用成本，以及大量低工資的勞力，賺取外匯，同時又解決大量閒置勞力，這樣的加工出口模式，足足比大陸提早了 20 年以上。

其次，台灣的科學園區經營模式的成功，引導了原先以製造為本的傳統工業，走向研發導向的技術密集科技產業及工業，對 90 年代，還停留在民生工業製造的大陸各公民營企業領導而言，都是亟待學習的目標。

朱鎔基排除行程請教 KT

當 KT 在 1993 離開家鄉 40 年，首次踏上大陸時，本來是回老家看看，順便了解中共治理下中國大陸的最新狀況。另外，世界銀行有鑒於中國大陸經濟過熱，找各國專家前往大連，召開會議討論，沒有官職在身的 KT 也是受邀對象，本來是低調的訪問，沒想到擔任副總理的朱鎔基，在會議現場貴賓室，聽了李國鼎財經產業發展經驗後，格外重視，特別說：「今天人很多，沒有時間多請教，我會在大連會後，在北京單獨向您請益，請您在會中多

了解大陸經濟情況。」（註 4.1）

到北京後，為了避免忘掉重要事項，李國鼎還手寫了一個綱要，內容是：

一、財政問題（中央地方之合理機制包括國庫統一支付制所得稅制等）。

二、穩定經濟問題（整頓中央銀行、匯率一致）。

三、IMF Team（國際貨幣基金會打交道的經驗）。

四、兩岸科技人員交流、財金人員交流。

五、法律為資本主義的必需工具，尤其是財政金融。

六、證券市場（重要事項）。

在前 90 分鐘，朱鎔基未曾打斷李資政的談話，為什麼呢？因為在雙方見面時朱副總理特別表示：「我今天是特別向您請益，所以我只聽您說，到最後我會表示我的意見及看法。」整個過程果真是如此，聽完最後朱鎔基向國鼎先生說：「您的建議我都會去做。」陪 KT 去大陸此行的白壽雄個人聽完後直覺反應是，這是官場的客套話，沒想到沒過多久，朱鎔基就宣布宏觀經濟調控政策，而且把每一個建議都公布實施，令白壽雄覺得不可思議。有些人或許覺得巧合而已，但是事隔多年，看到大陸經濟政策迅速調整，經濟維持高速成長，白壽雄證實果然是事實，兩岸在關鍵時刻，經濟掌舵者見了面，**台灣經驗**適時提供大陸領導人重要指導，並使朱鎔基成為中國經濟高成長的推手，李國鼎在當時大陸一、二級領導人心目中的地位與影響力，可見一斑。

對大陸而言，既然經濟走的是西方資本主義這一套，所謂的

社會主義特色的自由經濟，台灣從 1950 年代起，不就是計畫經濟式的自由經濟嗎？

　　台灣光是從管制外匯，雙匯率，到隨市場變化的自由浮動匯率，就經歷了 2、30 年的運作變化，像國庫統一支付制，有效率、公平又透明的付款機制，使各級政府的支付十分方便，跟政府往來的合作廠商也會得到公平有效的對待。另外，中央部會、銀行、醫院、國營事業的電腦化，也是台灣傲視亞洲各國領先的地方，還有，KT 擔任財政部長幫台灣建立所得稅、房地產稅等的稅收制等等，在在都可成為剛剛走計畫型自由經濟中國大陸，一個很重要的參考對象。並且，當時，亦有不少中高階官員一起在場，參與聆聽、討論與學習，也因此更加敬重 KT 的為人與本事，這樣的精神，儘管李國鼎已逝世十餘年，他們還會懷念並來台灣參與相關活動。

　　KT 當年的母校中央大學，後來中共領導將它拆成南京大學、東南大學及南京農業大學三個學校，南京大學主校區還特別設立了傑出校友紀念館，李國鼎是其中一位，台灣還有兩位，一位是創立《中國時報》集團的余紀忠董事長，他替台灣政治交替的民主化，奠定關鍵的基礎，一生追求並實踐自由、民主、理性的精神，是台灣新聞界作為獨立報人風格的典範。

　　東南大學甚至於還成立**李國鼎圖書室**，慎重紀念他，裡面收藏了李國鼎先生一生的著作、演講紀錄集、媒體報導等，是該大學很特別前無古例的創舉。

　　這兩所大學對 KT 特別推崇與紀念，筆者於 2016 年親訪時，

頗覺不可思議，但是中國大陸經濟富起來，成爲世界製造中心，其中 KT 與台商在其中適時地推波助瀾，相信有良知的大陸官員心中是感念的。

官場、使命感、媒體

5.1 政務官、文官如何學李國鼎做事

　　每個現代化國家政府發展過程中，政策都有重點，有優先順序，各國經研單位總是研究，如何在有限的資源下，發揮最大的綜效，這就是「策略」。李國鼎以以 67 歲高齡，卻能一步一步主導台灣科技走出一片天，如果沒有他前 12 年參與尹仲容負責的生管會、美援會、經合會等，規劃台灣工業、財經計畫的豐富經驗，怎能見樹又見林？如果沒有他以近 11 年的財、經兩部部長歷練，他又怎能釐清政府各部會、各級文官之間本位、保守、山頭主義的種種弊端？

　　政務官、文官不積極任事，事情可能就在原地踏步，甚少作為，一如近數十年社會都更政策、技職教育失落、司法運作亂象一般，全國國民搖頭，問題依然遲遲未能解決，以李國鼎的個性，是絕對無法容忍的。我們再來檢視，他是怎麼讓觀念落實，成為政策，最後又成為成功的產業。

官員的養成教育

　　前總統馬英九先生，在他第一任總統的第一年，因為一場

南部的八八風災，對救災行動的輕忽、判斷錯誤、團隊救災慢三拍，導致聲望一落千丈，自此，亂了手腳，換行政院長、換部長，成了家常便飯。偏偏 2008 年全球金融風爆襲擊，台灣掉入了經濟疲乏、失業率高、薪資停滯不前的泥淖。馬內閣心慌之餘，頻換部長，不斷下外行指令之下，使得上自行政院長到部次長的數十位政務官，猶如五日京兆，常不知何時要下台一鞠躬，於是不少閣員表現荒腔走調，更加深了全國人民對馬英九這位最高領導人的刻板形象，一連串的事件，最終導致最低民意支持率 20%以下的結果。

尤記得，馬英九擔任台北市長兩任時，能力並沒那麼差，為何當上總統之後，卻是表現如此天淵之別？並且他的清廉與努力，大家有目共睹，原因在哪裡？有人說，那是因為他從哈佛拿博士學位回國，當經國先生英文祕書開始，就沒有一位好主管來帶他、教他做事，因此，他從未學會怎麼把大小事做好的本領。

也有人說，馬英九基本上是一個住在象牙塔上的學者，一輩子也沒在企業或基層打滾過，與民生社會之間存在一大隔閡，所以對政策的研擬或監督執行，毫無實際運作概念，這樣的領導者，如何能領導一大執政團隊？又如何能發揮管理綜效？

其實，平心而論，馬英九之前的陳水扁總統，雖然沒有被批評為無能，然而，總統任內，卻也沒做出一如他在台北市長任內，雷厲風行掃蕩八大行業，捷運、公車等交通高效率的績效，被市民評為滿意度超過 7 成以上——這樣的表現，8 年總統任內，也沒能落實一、二項實實在在的產業政策出來，市長、總統任內績

效兩者相較，反差極大。負面者，縱容妻子、女婿貪污、搞特權，令大家印象猶深。

這就讓我們不禁思考，到底我們的官員，從基層文官開始，到政治任命的政務官時，要如何的訓練、養成，才能成為一個會做事的幹員？要從何處著手，才能使他們成為有為有守，既有積極、熱情的動力，又能具備崇高的使命感、榮譽感之下，勇於任事，並且又有能力、有效率的把事情做好？

一句老話：錯誤的政策比貪污還可怕。的確，貪污的總統或行政院長，再厲害貪個十幾億元，已屬巨大，然而，光看近 20 年來，不分國民黨或民進黨，從中央部會、到各地縣市政府、鄉鎮地區浪費龐大公帑，許多領導人造成大大小小數百億元蚊子館公共建設的浪費，就令人印象深刻。

既然官員的養成教育如此重要，那麼究竟要從何著手？才能使他們成為會做事，操守又好的人？

李國鼎本人提到，國家經濟發展的成功，有六大關鍵因素：

一、要有胸懷遠見的領導人物。

二、要有正確而有效的財經措施。

三、要有能適時因應國內外環境變遷的策略。

四、要有充分的人力資源與優秀的企業人才。

五、要有健全的教育體制。

六、要有安定的政治與社會環境。

第一個要求，領導人物要有遠見，換句話說，要有視野與格局。

這其實是最艱難的一件事，因為視野與格局的養成，不僅歷練長遠，且要有機緣，KT 一生強調吸收知識要像半瓶水，永遠裝不滿，正是養成的一個習慣。

從李國鼎、孫運璿、俞國華當時財經三大老的歷練過程，就可看到，當他們坐上握有大權的部長位子之前，都已在相關工作領域，承擔主管經驗 20 年以上。並且，這些經驗都是既見樹又見林的工作，使得他們一旦坐上大位，長期累積的財經產業觀察、複雜的人際管理經驗，馬上可以派上用場，不致手忙腳亂，心力交瘁。

尤其是李國鼎，他有幸遇到尹仲容、嚴家淦幾位長官貴人，不僅訓練他、提拔他，還適時的提供李國鼎可以發揮幹才的大舞台，並且，在數十年從政過程中，因才幹表現優異招忌妒時，一路護著他，不致成為眾人的靶心。

從筆者訪問李國鼎多位當過部次長的老部屬談話中（參見本書第四章 4.2 節），他們眾口一致，都說 KT 非常尊重部屬或專家的意見，不斷的從國內外優秀專家，吸收各種創新的觀念。他們的建議裡，只要對經濟產業的推進有幫助者，KT 會急著要他們提供更多系統性的看法，這種不倚老賣老、不堅持己見的度量與求知慾，在官場上也少見，更是官員由基層往上爬的過程中，是否能擴大格局與視野的重要關鍵。

如同本書前述，當時監察委員要彈劾時為經濟部長的李國鼎，讓他差點辭職不幹，就是一個例子。因為老蔣總統的刻意維護，使得後來的二十幾年，國會也好，黨政大老也好，沒有一個

人敢特意去找 KT 的麻煩。因此身為長官高層主管，不能光說不練，必要時要幫部屬建構護城河，十分重要。

第四項，要有充分的人力資源與優秀的企業人才，這就不能不談到前 20 年，我們的執政黨，不論是國民黨或民進黨執政，行政內閣團隊大量借調自學術界，尤其是來自大學領域。這麼多年下來，從發展經濟形成新產業的觀點來評量，事實上證明是一項失敗的政策，何以這麼說？因為不但新產業一事無成，已成功的產業如電腦、半導體、光電面板產業還被政策綁手綁腳，如技術人才引進、紅利費用化打得左支右拙，證明我們的行政團隊並不夠優秀，其源頭就是這些官員並沒有經過嚴謹的養成過程，在學界的經驗，無論是格局或視野，或是解決問題的管理歷練都較之60、70 年代，差之遠矣。

反觀我們近年極為順暢的綠能政策，太陽能發電 2022 年發電量破 1.2GW，風力發電也架設超過 100 支，逾 1GW 發電量，合計可以省下兩組核能發電機組的電力。更重要的是建立起我們自己的太陽能及風力發電產業自主供應鏈，這都是前經濟部長沈榮津，帶領經濟部及企業團隊，兩天當一天用，建置下的成果。沈副院長的能力所為何來？他就是李國鼎當年帶領培養的，最後一批在任技術官僚！

KT 對技職教育的貢獻

李國鼎對於技職體系有多項真知卓見與貢獻。

1963 年當 KT 還擔任美援會秘書長時，有次與當時省主席黃杰一起參加台東一座大橋落成典禮，聽到當地一所農業職校校長談到，現在學生不願意學農業，找不到學生，KT 立即與黃主席協議，用美援相對基金，幫助全省六所農職改為農工職校，加深工業職業方面的教育課程，施行效果良好，這是他參與教育政策的第一個案例。

　　李國鼎與蔣經國在人力政策上看法不同，當經建會的前身經合會改組時，李國鼎極力主張要設立一個人力小組，但是蔣經國並不同意，可見，KT 在很早以前，就知道人才及人力資源的重要性，政府必須有專責部門來統籌負責。當全國第一次人力會議在他積極爭取下召開時，他就提一個方案，建議將全國高職與高中生的比例，由原來的 4：6，改為 7：3，也就是高職生由全部比例的 4 成，一下子拉高到 7 成，如此，後來 20 幾年，台灣由農業轉型到工業，所需要的龐大基礎技術人力，得以充分供應無虞。

　　民國 102 年從教育部政務次長任內退休的林聰明就提到，他在民國 72 年初次與國鼎先生認識，跟隨他一周的時間去菲律賓參加亞洲管理學院（AIM）理事會，觀察到 KT 對各種管理教育制度的細心與前瞻看法。民國 78 年他擔任教育部技職司長，李資政更說：「技職教育之發展不能與產業發展有所背離，應相輔相成。」堪稱是李國鼎對技職教育的核心價值理念。

　　回頭看看 KT，在更高的專科與技術學院（今日的科技大學）層級方面，也有他深入的看法。本書前述，台北工專升格為技術學院的提案，KT 就在行政院會上表示，台北工專是全國一百多所

專科與高職的龍頭，負有帶動引導技職體系學校的火車頭功能，如果升格，則群龍無首，專科學校素質將會大幅降低，相對也會影響全省高職的水準，這樣的真知灼見。

對照教育部長吳京任內，開放全國一百多所專科與職校，改制為科技大學與技術學院，並沒有考慮這些學生未來出路為何。導致 2000 年之後，後段班數十所科技大學、技術學院畢業生面臨「畢業即失業」的困境。更糟糕的是，每年幾萬名科大或技術學院畢業生，多數家庭經濟不佳，必須靠助學貸款撐過 4 年，然而，因素質、老師師資經驗、私校董事會營利導向等種種因素，使他們 4 年下來，學無所長，既然無一技之長，又缺乏企業倫理的磨練，大多數企業也難以雇用，或者大材小用去做沒什麼技術性的工作，卻已背負數十萬元的助學貸款壓力，難道是這數十萬學生自己的錯？

這就是我們前 20 幾年以來的毫無產業需求概念下的技職政策，一方面，製造業面臨缺技術人力的困境，另一方面每年卻培養數萬不能為企業所用的人力。近幾任的教育部長、行政院長、乃至總統，難道對這樣的現象無感？想一想，錯誤的政策果然比貪污造成的禍害大出許多。

李國鼎在那次行政會議中，主張另成立一所技術學院，於是就有台灣工業技術學院（即今日的國立台灣科技大學）的誕生。有次，他參觀該校後說，我們的教育 70% 是屬於技職體系的學校，但是社會的注意力卻只全心全意的擺在這 30% 的高中身上，應該有一套技職政策，讓這 70% 的學生可以一邊做事、一邊升

學，這樣大家都不必擠在那 3 成的聯考窄門。

他這個主張其實就已經將高職到科技大學，到研究所，指出了一個核心的原則，即高職也好，科技大學也好，乃至研究所的碩博士班，都應該是一階段學習，一階段做事的建教合作模式。然而，改制後的一百多所科技大學卻完全背道而馳，國立科技大學辛苦考進去的學生，念到大三、大四，多數想的仍是直接考研究所再念 2、3 年，念那麼多年，卻跟國內產業界脫節，不能真正適應業界的需要，進入企業後，很少能「學」以致用，必須從許多基本實務訓練起。

至於私立科技大學或技術學院，則連基本的學科、專業都沒學好，4 年時間沒用心在課堂上，以至於連基本的企業倫理素養都缺缺，企業如何能用？這就是我們近年來高等技職體系嚴重失衡的現象。如果要真正分析怎麼會有這麼荒腔走板的政策，那就是一群受過國外優秀博士訓練的專家，握有決策及諮詢權力，卻未虛心深入了解產業需要，關起門來開會所形成的結果。相信在政策形成的過程中，一定也有一些了解產業的實務人士，提出建言，這些聲音卻被自以為是的這些官僚與海外回國專家學者所掩蓋，又沒有李國鼎這樣豐富閱歷，一切以台灣產業競爭力為依歸的決策官員來引導並形成決策，就造成今天令人蹉嘆再三的局面。

打個比方，一百多所科技大學（技術學院）畢業生每年十幾萬人，如果從大二、大三開始，上學期去企業實習，下學期回學校念書，當他們在產業界所見所聞，回到學校怎麼可能視而不

見？自然會想，會比較，知道自己缺什麼，想學什麼。並且，今天的台灣企業儘管被批評代工產業、組裝產業，經過3、40年各方面的挑戰競爭，其實無論在品質、供應鏈管理、設計、研發、物流各種能力都居世界製造業領域之首，而要達到這樣的水準，員工訓練、紀律、組織制度都有相當的傑出表現，職校、科技大學學生早點到工廠或企業實習，也會及早體會企業上班倫理、企業文化這一套。所以產業界提供的不只是技術或專業的能力訓練而已，同時也是比學校更有效、更實際的職場倫理養成教育。

國家的人才教育政策，必須考量人才未來去處，因此，就要對自己產業的長期發展與優劣勢，進行慎密分析，提供教育政策之依據。尤其技職體系更需要考量台灣最具競爭力的產業，在全球政經、科技大洪流趨勢下，分析未來10至20年對人才的需求特性，培養這些產業所可運用的人才。研擬相關教育政策的官員要下鄉，接觸產業界，緊密了解他們的需要，否則再蹉跎10年、20年，台灣就會跟歐盟現在多數國家如西班牙、希臘、法國、義大利、葡萄牙等國家一樣，造成青年人高失業率，找不到工作的困境。

從1990年起，後來荒腔走板的20年，技職教育在所謂的教改之下，原先優良的制度規劃，被搞得支離破碎，從高職到專科（二專、三專、五專）到科技大學，完全亂了套，全國突然產生了近百所毫無市場區隔，價值核心理念的「大學」，專科學校大量消失，甚至連高職也聯考化，證照化，每年訓練出一大批無法為產業所用的大學生，這是什麼樣的政策？歷任教育部長、行政院

長都瞎了眼，沒看到這麼嚴重的現象嗎？

還好從 2009-2013 年，分別擔任教育部常次、政次的林聰明，以長達 4 年的時間，推出了技職教育改造方案，內容分六項子方案：包括建教合作列入技職大學評鑑、學生長期實習計畫、技職認證、專業考照等制度，總算扭轉了多年來只求升學不重視技職專長訓練的現象。可惜的是他不久屆齡，從教育部退休，如果再讓他做 3-5 年，相信對技職教育的改造，會有更深遠的影響。如前所述，林次長也是從民國 72 年起，被李國鼎看中的中生代學者專家，在一流管理的台塑公司多年工作經驗，對培養產業可用的人才，這項觀點師承 KT。據筆者了解，至少截至 2022 年，這六項方案都還在執行中。

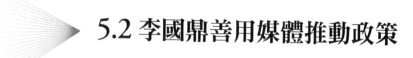

5.2 李國鼎善用媒體推動政策

　　生長於 1960 年代以後的人們，見識到大眾媒體從數百年風行的鉛字排版印刷，跳到電腦排版，不到 20 年的功夫，網際網路興起，漸漸的有所謂入口網站。大量網路人口的進出，使得它們也發展了新聞傳播的資訊功能，2000 年以後，新聞網站開辦，比起傳統的報紙，少了實體工廠排版、印刷、印出報紙的步驟，營運成本相對降低很多，於是，利用網路傳播的新聞網站也逐漸站住陣腳，成為今日新聞的主力。

　　近年來，「自媒體」當道，只要有個簡單的網通設備與攝影工具，到處蒐集資訊、包裝成新聞外貌的集成資訊，這種型態節目不斷出現，網路人口聚集到一定數量，少則數萬，多則數百萬、甚至千萬閱聽群眾，就成了「網紅」。到了網紅、自媒體的時代，早期主流報紙那種嚴謹、多重查證編輯新聞的品質管制精神，已經蕩然無存，甚至於發生像民國 111 年上半年已經經營快一甲子的華視新聞，跑馬燈新聞或標題傳播，屢屢出現文字內容無人品管的離譜現象。

　　所以，筆者這一世代，剛好經歷了人類發明「新聞傳播」數百年以來，最大的巨變時代。猶記得 1970-1990 年這段時期，由

於台灣的工商業繁榮起來，民間各種活動借助於報紙傳播的需求殷切，而那時候還是戒嚴管制時期，不能自由興辦報紙或電視、電台媒體，因此，《中國時報》、《聯合報》加上黨營的《中央日報》這三大報，閱讀人口占了全民人口的 7、8 成，影響力非常大。它們壟斷了報紙廣告的絕大比重，機關團體或工商業要刊登廣告，要跟兩大民營報廣告部拉關係、排隊等版面。那時候兩大報版面厚厚的 7、8 大張，有數十版面。廣告通常超過一半，每天廣告費進帳數百萬元，報紙的影響力大到有「喝水會堅凍」的能力，所有軍黨產官學研各領域的領導人物都要經營主流大報的媒體關係。

曾幾何時，網路媒體才發展 30 幾年，到了 2021 年，居然網路廣告營收是報紙雜誌合計的數十倍，8、9 成的廣告收入通通跑到入口網站（Google、Yahoo、FB 等）、網紅經營的自媒體或新興新聞網站去了，今天還倖存的幾大綜合性報紙：《自由時報》、《聯合報》、《中國時報》的廣告營收都不足以支撐整體的營運費用，它們都還在辛苦的經營。

1960 年代報紙代表了大眾傳播的主流，是人們獲取新聞的主要管道，除了剛萌芽的電視媒體外，報紙由於詳細、圖文並茂、版面操作容易等特性，幾乎是大眾獲取訊息主要的來源。因此，它的影響力非常大，即使是筆者投入《工商時報》的 1980 年代，網際網路（Internet）也要到 1990 年代中期才開始普及，那時候的台灣報紙媒體因為收入高，記者待遇不錯，因此招考的素質或對外採訪頗具專業、中立性，能贏得各界的尊重。以筆者主跑科技，

有多次機會赴日、韓、中國大陸及東南亞國家採訪交流的經驗比較，台灣媒體的專業與獨立性，在那個年代是亞洲最高的。日韓記者雖然待遇比我們好，可是國家體制財閥、政黨政客當道，新聞報導的自由度受到若干限制；新加坡是民主獨裁，更不用說；而其他亞洲國家絕大多數不是獨裁政體，就是工商業落後，媒體依附性高，記者缺乏專業及獨立性，難以發揮筆下的影響力。

網際網路的全球化始於 1990 年代中葉，進入 21 世紀後它把人們長期以來，從報紙雜誌或電台電視獲取新聞訊息的習慣大大改變。從此，新聞訊息的管道多元化、分眾化、互動化，90 後的世代可以說是人類發明報紙以來，不再看報紙作為新聞來源的開始，即使筆者 1982 年開始跑科技新聞，走在時代前端，當初都是始料未及的劇烈改變。

在此以 2000 年作為傳統新聞媒體跟網路媒體作為分水嶺，在台灣工業化的半世紀（1950-2000 年），可以說，工商業或產官學研各領域，都以報紙、雜誌、電台、電視台的新聞版面或時段，當成日常生活得到訊息的主要管道。

如果深入分析這四種媒體，論新聞的專業、快速與嚴謹，又以每個先進國家的主流報紙為標竿，一如美國的《紐約時報》、《華盛頓郵報》、《華爾街日報》，英國的《金融時報》、《泰晤士報》等。台灣的主流報紙一直到 2000 年以前，可以說是兩民一黨帶領風騷的時代，那就是前述《中國時報》集團、《聯合報》集團及國民黨興辦的《中央日報》和《中華日報》集團，三足鼎立的局面。甚至在兩大媒體集團旗下還分別有《工商時報》（中時集

團）及《經濟日報》（聯合集團）這樣的財經產業專業報紙的存在。因此在報導電腦化、自動化或半導體、精密機械、石化鋼鐵、光電面板等產業的產銷人發財各領域都有不同的版面（產業版、證券版、副刊、經營知識版等），可以深入並大量的刊載傳播，對台灣工業化的歷程發揮了甚大的影響力，值得在此提一筆。

如果推動政策的決策官員或專家，能善於運用這股大眾傳播力量，那麼在執行過程中就可產生事半而功倍的效果，李國鼎就是深得個中三昧的佼佼者。

記得筆者民國 74、75 年前後當了兩年的「中華民國科技記者聯誼會會長」，這個會的成員，是全台灣報紙、財經科技雜誌、電台、電視台的跑科技相關路線記者組成。每次 KT 覺得有些政策或方案到了成熟階段，或是有了具體成果，他就會親自打電話給我說明重要性，並請我邀請媒體同業一齊聽他講或正式開個記者會詳細說明，他也不獨攬功勞，會請參與的國內外專家現身說法，使得這樣的對談或記者會更具專業與信賴度。

電視媒體需要畫面，KT 的幕僚們都很專業，準備的表格、圖片、影片或現場布置，都是很吸睛、很具體的第一手資料，媒體自然樂於報導或更深入延伸分析。早期他當經濟部長首推加工出口區、引進跨國電子大廠等重大事件，經由媒體報導後廣為人知，在引進企業進駐、吸引人力投入等無形中也產生良性循環。

KT 推動科學園區的發展、八大重點科技、策略工業等的前後十幾年，我因密集跟他接觸，除了例行的大小型記者會外，幾乎每周都會跟他老人家碰上一、二次面，就會趁機把我平常記在

筆記本的事件、政策面或科技人事當面向他請教。對於年輕的媒體記者他從不擺架子，接受訪問時態度誠懇坦白，如果還不能公開的政策內容，他也能謹守原則，笑一笑不接續這個話題。因此，也因為跟 KT 長期深入的接觸，那時候我採訪刊登了多次獨家新聞。當然，記者的功力不僅在於採訪、發發獨家新聞，也包括配合新聞登載自己名字的「專欄」，才能對事件或新政策、制度等深入分析。那些年我的筆下為文很快，每周至少都有二、三篇專欄見報，除了拉近我跟讀者的距離外，無形中我也推廣了不少科技產業或產業科技化的許多觀念、議題。如今想起來，執政的官員如果都能像 KT 這樣尊重媒體、善用媒體推波助瀾的廣大力量，對新政策、業務的推廣與溝通，對國家、對公私方面兩助益都很大。

5.3 追憶國鼎先生

　　2001 年 KT 以 92 歲高壽病逝於台北，由於他一生致力於財經與科技兩大領域，並在全世界二、三百個由未開發中國家邁向中高經濟水平的現代化國家當中，奠下了小國也可以有大成就的具體財經產業典範。1971 年台灣退出聯合國的前後 20 幾年，李國鼎更藉著美援成功範例、亞洲四小龍的地位進行經濟外交，與各國政經領袖與專家學者建立良好的互動關係，這些關係除了提高台灣的國際關係資產、吸引旅居日本、東南亞的諸多華僑赴台投資，以及延攬海外大量的華裔優秀人才，回台創業及服務裨益本國產業外，過程中也累積了他個人的國際知名度，使得他本人為台灣創下的成就揚名海內外。因此，從 1978 年開始，國內外著名大學紛紛授予 KT 榮譽博士學位或崇高頭銜，其數目之多，應該是二戰以來，全球華裔人士中極少有的紀錄。

　　猶記得 KT 對這些榮譽甚為重視，1990-1996 年，那幾年國內外這些學術崇高機構頒授榮譽學位給他老人家，他還會透過祕書特別打電話給我，雖然那時期我已擔任主管不跑新聞，但是我還是會專程採訪他，然後把這項榮譽的內容與背景，發表在《工商時報》的副刊版面，讓大眾分享這項榮耀。它們包括：

1. 韓國成均館大學榮譽經濟學博士學位（1978 年）

2. 國立中央大學榮譽理學博士（1983 年）

3. 美國馬里蘭大學榮譽科學博士（1989 年）

4. 美國約翰霍普金斯大學校長獎（1989 年）

5. 國立交通大學榮譽工程博士（1989 年）

6. 私立中原大學榮譽理學博士（1990 年）

7. 美國波士頓大學榮譽法學博士（1990 年）

8. 英國劍橋大學伊曼紐學院榮譽院士（1991 年）

9. 香港中文大學榮譽法學博士（1991 年）

10. 國際管理學院院士（1992 年）

11. 國立成功大學榮譽管理學博士（1995 年）

12. 私立靜宜大學榮譽科學博士（1995 年）

13. 美國紐約州立大學石溪分校榮譽人文博士（1996 年）

14. 國立清華大學榮譽工學博士（1997 年）

15. 國立台灣科技大學榮譽工學博士（1998 年）

年輕時的李國鼎，為了參與抗日戰爭，中斷了英國劍橋大學的博士研究歷程，毅然決然回祖國投入建設，開啟了職場奮鬥的一生，這期間，每項工作對他而言都是挑戰，卻每每讓他的格局更大開大闊。然而也因此，他本人始終未能有時間，回到劍橋繼續研究取得博士學位，心中未免有些遺憾。然而，「失之東隅，收之桑榆」，由於偶然的機會進入國家財經擘劃領域，進而被延攬入閣成為財經第一把手，並為台灣創立科技產業的傲世成果，因為這種比個人博士學位更上層樓的表現，反而讓他獲得更寬闊的

學術實務地位，這是當年棄文從武從歐洲回國服務的他，過了一甲子的歲月後，始料未及的結果呢。

懷念國鼎先生。

李國鼎一生的逆境與貴人

　　回顧李國鼎的一生，能有機會做那麼多大事，又能把它們做成功，除了本書在不同章節述及的他個人的諸多能力特質外，必然有貴人相助，不錯，他的職場一生有幾位貴人。當 1948 年他被發表爲美援會技術處副處長時，那年**6 月剛好美國經濟合作署援華技術調查團**來華，他陪著他們沿著粵漢鐵路，從武漢廣州一直到香港，考察鐵路港口工礦等建設，這是 KT 首次深入了解中國的建設現況，也是與美國技術官員打交道的第一次，打開了他的視野。當年7 月，他受台灣造船公司總經理周茂柏的邀請，出任該公司協理，以他實事求是任職任責的工作態度，極獲周總的賞識，做了 3 年後，被周董向生管會（掌管所有國營事業）諸位長官推薦，升任台船總經理一職。KT 回憶，台船董事長負責對外的環境溝通，對內的管理都交給 KT，因爲他把台船管理得很好，周董基於愛才，就把 KT 推薦給尹仲容。

還有件事，在李國鼎接任總經理的次年，他隨同**全國船舶公會考察團**赴日本考察，回國後將沿途觀察心得寫了一本**《日本造船工業》**的集冊，頗受生管會包括嚴家淦、尹仲容等諸位長官的注意與欣賞。經過周董介紹，尹仲容就帶KT進入這一領域，開始接觸掌握全國工業規劃資源的生管會，長官們包括陳誠、嚴家淦、尹仲容等人，因緣際會，周茂柏就成了李國鼎職場的第一位貴人。

1953 年對李國鼎已有所賞識的尹仲容，力邀 KT 進入經安會，擔任該會工業委員會專任委員，兼「**一般工業組組長**」，這個位子讓 KT 得以開始從計畫經濟兼工業的角度擘劃工業大計。

以當時的複雜環境，一個勇於任事、強力貫徹目的、不畏解決問題的官員如 KT 者，職場一生當中必然碰到許多人為的挑戰與挫折，尤其 50 年代至 70 年代，國民政府遷台，制度未明、基本建設落後、民生凋敝，真的是百廢待舉。當個部長，面對黨政軍掛帥的時代，上頭的能管的婆婆媽媽何其多，光是動員戡亂時期條例管制下，數十年不改選的幾百位國大代表、立法委員、監察委員，哪個不是有來頭？翻起背景來，都是當年大陸抗戰前後階段，各省市赫赫有名的省長、議長、市長、將軍、司令等等，並且結黨結派，各成一股勢力。國民黨的中央黨部及一級單位如組工

會、文工會、黨營事業委員會等等，在「以黨領軍、以黨領政」的現實制度下，每個黨部一級主管的權力與影響力何其大也。

即使蔣經國這樣的一人之下的太子背景，從上海到台灣就被孔家派系、CC 派系挾持而使政事窒礙難行，一如2020 年公開的《蔣經國日記》內容詳載，反應了他當時施政的種種困境與難處。

那麼，李國鼎並非出自名門之後，也沒有政壇派系撐腰，前後三十幾年的行政工作，掌握了各部會人人稱羨的美援經費運用，以及財經兩部會，號稱各部會中最大的「營收與支出」機構，必然有多少的經費關說與人事安插，如果對以上各個黨政軍要員及民意代表事事都要討好、件件都要「和諧」應對，那麼十個李國鼎也無法把事情做好，台灣工業化的過程哪能如此的順遂？

因此，分析 KT 從造船事業到官長，有三位貴人一路重視、提拔他，除了周茂柏外，接著就是陳誠、嚴家淦與尹仲容。

如同前述，嚴家淦從大陸剛到台灣時的長官是省主席陳儀，陳儀處理二二八事件的嚴重失職，導致上萬台灣民眾罹難，歷史上自有評斷，但他把嚴家淦擺在財政廳廳長的位置，發揮所長，且讓他得以被後來的長官陳誠賞識並

重用，卻是功勞一件。陳誠兩度當行政院長，嚴家淦是財政部長又是經合會、美援會時期的掌舵者，只要是財經產業方面的人與事，陳誠都尊重嚴家淦的規劃與建議，並把他推薦給老蔣總統，讓他得以在內閣被重用。嚴家淦是善彈琴的伯牙，陳誠則是識人適任的鍾子期。他們兩個人的相識相惜，在 1961 年陳誠因公過勞逝世以前，幫台灣在風雨飄搖的美援時代穩住了經濟民生，並為台灣工業化的前期，擺好了舞台。

尹仲容也是在嚴家淦受陳誠重視時，進入生管會及經合會，開始負責美援經濟規劃的工作，直屬主管是嚴家淦。而尹仲容是把李國鼎帶進這個圈子的主管，有了這個機會，才能顯露 KT 在擘劃產業方面的才華，讓這顆巨星從此發光發亮。

但是提拔李國鼎讓他直接進入內閣核心的貴人，卻是陳誠與嚴家淦。話說 1959 年，台灣中部五縣市發生了 50 年難得一見的大災難——八七水災，在嚴家淦推薦、陳誠首肯之下，調李國鼎擔任救災總指揮——執行祕書的職位，由於 KT 在這段時間內調度所有人力物質資源，非常有效率的對災區進行救濟與重建的工作，深得陳、嚴兩位長官以外，最高領袖蔣介石的欣賞，這項任務結束後，蔣介石就發布 KT 接任經濟部長這項大位。

在旁人看來，這是一個重要官位，對李國鼎而言，卻是可以把他在美援會、經合會等單位 12 年的工業擘劃經驗，放手在經濟部內實驗的機會。讀者諸君至此可看出，提拔李國鼎的是尹仲容，一路罩護李國鼎、不次升他職位的是嚴家淦，陳誠則在上頭維護嚴、李，讓他們能盡心盡力做事。這三個人：陳誠、嚴家淦、尹仲容就是李國鼎官場上的三位重要貴人。而因嚴家淦在位最久，甚至於老蔣總統過世時，他還擔任了兩年半過渡時期的總統，再由蔣經國繼任，也因這份持久的因緣，一直到 1976 年以前，在官場上，他就是 KT 最大最久的「朝中貴人」。

那麼，李國鼎職場一生有沒有碰到逆境呢？當然有，他考取第二屆「中英庚款公費留學」赴英國劍橋大學從事他很喜歡也很前驅的**「低溫超導研究」**，以李國鼎做事的態度，他繼續深入研究的話，很可能成為這領域的國際權威。事實上，他的指導教授拉賽福勛爵很欣賞他，在他 3 年公費補助期滿，必須返國時，還幫他申請到獎學金，讓他繼續研究，然而抗戰發生，愛國心驅使他回國投入實際工作，將他學到的知識用在航空量測方面。斷了學術研究這條路，既沒有博士學位，又還未得到國際水準的研究成果，在他求學的人生階段，當然是件可惜的事。

KT 職場人生對他打擊最大的是有兩件事。第一件，就

是他當經濟部長的第 2 年時，被當時的立委與監察委員圍攻。話說他 1965 年當經濟部長的次年，就因為中油運油的業務，得罪了當時國會（立法院、監察院）最大派系 CC 派裡頭大將，分別是楊管北和徐可均，他們各經營一家油輪公司，承攬中油進口石油的獨門生意，因有政治勢力撐腰，載運油價訂得很高。當時一萬噸的油輪不算大，李國鼎了解高雄港可以容 3.6 萬噸級的油輪停靠，他又是造船業出身，因此就請股台造船公司造了兩艘 3.6 萬噸油輪，然後將中油的進口油由這兩艘船來載運，運油費用降低很多，但因此就得罪了楊、徐兩人。他們就透過立法院及監察院 CC 派系找 KT 的麻煩，最後找了一件紡織廠貸款的理由，彈劾經濟部與財政部兩位部長失職，KT 被送公務員懲戒委員會懲戒記了兩小過（記一大過就要免職），一心為國家做事 20 年的他，當然很難過，非常不服氣，因此向老蔣總統提出辭職。（參考註 1.2 及註 1.3）

　　老蔣從行政院長陳誠處，知道事情的來龍去脈後，一方面挽留李國鼎繼續執行部長任務，更重要的是，為了讓這些戮力秉公做事的官員，以後不再受政治人物的侵擾，老蔣做了一件在當時是破天荒很難得的舉動，把相關的立法院長、監察院長及委員們找來，當場痛罵了一頓，說國家培養一位財經能幹又清廉的人才多年，非常不容易，不要

在雞蛋裡挑骨頭，打擊有作為的官員。這件事對 KT 爾後在官場，可說是因禍得福，從此不管是立院監察院委員，不敢再找他麻煩，連當時各據山頭的軍方或黨部，也不好隨便塞骨頭給 KT 吃呢。

雖然，老蔣總統這樣的做法，有點逾越三權分立的精神，但是話說回來，三權（行政、立法、監察／司法）的最高領導人還是蔣介石呢。當老蔣藉由這次事件「隔山震虎」之後，立法院、監察院、國大代表這三大股勢力下的派系，此後再也沒有人找 KT 的麻煩，KT 才能在後來的十幾年財經兩部任內，做了這麼多對的事（詳見本書第三章）。所以說，對他官場職場一生最有影響力的貴人是蔣介石總統也不為過。

接著是 KT 受到打擊的第二件事。KT 當財經兩部部長時，還有一個人，因為經濟觀念的不同，以及美援時代累積的過節，影響了他的施政，那個人就是蔣經國！KT 7 年財政部長任內，多次此與小蔣衝突，一如本書第一章詳述，事隔多年，《蔣經國日記》在 2020 年公布，林孝庭先生從日記中縱觀全貌，寫出**《蔣經國的台灣時代：中華民國與冷戰下的台灣》**這本著作，披露甚為詳細，對當事人李國鼎來說，蔣經國那些年對他的不尊重，當時是很難堪、憤憤不平的，也是他到 79 歲接受筆者訪問時，為何內心還未能完全

釋懷平復的原因。最後一次的衝突，並導致李國鼎憤而辭職，兩人的惡劣關係白熱化，震撼政壇小圈圈！

最終，蔣經國自己反省後，也覺得李國鼎所做所為都是為公，並且他能受到政壇幾位長官，包括：他父親老蔣總統、嚴家淦、陳誠、尹仲容的賞識重用，必然有他過人之處。並且，他個人事後了解，也知道當年糧鹽物價平準事件，他旁邊的人並沒有做好溝通，因此小蔣主動示好，委託KT 以推動科技的重責大任，兩人晚年關係由負轉正，大大的改善，回想起來，真是國家之福、台灣的幸運呢。

註　解

註 1.1　《蔣經國的台灣時代：中華民國與冷戰下的台灣》，林孝庭著，遠足文化
　　　　出版

註 1.2　《李國鼎口述歷史》，康綠島著，卓越文化出版

註 1.3　《李國鼎：我的台灣經驗——李國鼎談台灣財經決策的制定與思考》，
　　　　劉素芬編著，遠流出版

註 1.4　《李國鼎先生訪問紀錄：台灣科技政策發展》，劉素芬、陳怡如、袁經
　　　　緯、林志菁訪問編著，中研院近代史研究所出版

註 1.5　《孫運璿傳》，楊艾俐著，天下雜誌出版

註 2.1　《石滋宜談教育革心：找回國家競爭力重心學習的變革法則》，石滋宜
　　　　著，時報文化出版

註 3.1　《十里天下：史欽泰和他的開創年代》，吳淑敏著，白象文化出版

註 4.1　《李國鼎先生紀念文集》，李國鼎先生紀念活動推動小組編著，李國鼎
　　　　科技發展基金會出版

致　謝

　　本書在 2022 年前後花了 7 個月的時間蒐集資料、寫稿及校閱，過程中爲了完整反映國鼎先生從政 40 載創下的具體政策成果事蹟，參考了多本跟 KT 相關的著作。其中林孝庭先生寫的《蔣經國的台灣時代》將經國先生與 KT 數十年的許多衝突事件，完整的顯現出來，使得筆者在 2015-2022 年之間，訪問昔日 KT 部屬的內容中，雖有牽涉到蔣李兩人間的恩怨，使被訪者有猶豫，覺得要不要保留，就可以因此去除疑慮、放心的公開，還原歷史，成爲本書特色的一部分。

　　本書第四章訪問與國鼎先生共事多年的俊彥們，從領導與做事觀點，將 KT 人格特質的多元角度詳細的披露出來，也是本書重點之一。因此，非常感謝張忠謀、施振榮、史欽泰、陳木在、楊世緘、陳棠、葉萬安、鄭石岩、石大成、王建瑄、王紹堉、馬難先等大老先進在百忙之中，接受筆者的專訪。

　　本書完成的過程，老朋友萬以寧、連錦堅對本書提供顧問諮詢與詞語修正，非常感謝！撰寫石滋宜博士對台灣工業升級的章節內容時，沈德盛、李傳政、胡海音、洪紹洋、陳詩龍多位先生接受筆者邀約訪問，補充許多情節及人事物，在此十分感謝。

　　時報出版公司主編陳萱宇對於本書書名、封面設計、章節內容修正等盡力用心，令人欽佩，謝主編、玟利專員的協助，在此一併致謝。

王百祿　敬上

人與土地 43

學李國鼎做事：推動台灣工業發展的關鍵人與重要事

作　　者—王百祿
圖表提供—王百祿
責任編輯—陳萱宇
主　　編—謝翠鈺
行銷企劃—陳玟利
封面設計—陳文德
美術編輯—菩薩蠻數位文化有限公司

董 事 長—趙政岷
出 版 者—時報文化出版企業股份有限公司
　　　　　108019 台北市和平西路三段二四〇號七樓
　　　　　發行專線—（〇二）二三〇六六八四二
　　　　　讀者服務專線—〇八〇〇二三一七〇五
　　　　　　　　　　（〇二）二三〇四七一〇三
　　　　　讀者服務傳真—（〇二）二三〇四六八五八
　　　　　郵撥—一九三四四七二四時報文化出版公司
　　　　　信箱——〇八九九　台北華江橋郵局第九九信箱
時報悅讀網—http://www.readingtimes.com.tw
法律顧問—理律法律事務所 陳長文律師、李念祖律師
印刷—勁達印刷有限公司
初版一刷—二〇二二年十二月二日
定價—新台幣四六〇元
缺頁或破損的書，請寄回更換

時報文化出版公司成立於一九七五年，
並於一九九九年股票上櫃公開發行，於二〇〇八年脫離中時集團非屬旺中，
以「尊重智慧與創意的文化事業」為信念。

學李國鼎做事：推動台灣工業發展的關鍵人與重要事/王
百祿著. -- 初版. -- 台北市：時報文化出版企業股份有限
公司, 2022.12
　　面；　公分. --（人與土地；43）
　ISBN 978-626-353-086-7（平裝）

1.CST: 李國鼎　2.CST: 台灣傳記

783.3886　　　　　　　　　　　　　111016867

ISBN 978-626-353-086-7
Printed in Taiwan